1分間論語

The Analects
Confucius

*

齋藤孝
監修

まえがき

『論語』を通読していなくても、私たちは『論語』の言葉と日常的に接しています。

たとえば「而立《じりつ》」「不惑《ふわく》」は、『論語』の「吾《わ》れ十有《ゆう》五にして学に志《こころざ》す。三十にして立つ。四十にして惑わず」が出典です。「啓発」も、『論語』の「憤せざれば啓せず、悱《ひ》せざれば発せず」に由来しています。

「過ぎたるは及ばざるがごとし」「義を見てせざるは勇なきなり」「信なくば立たず」「過《あやま》てば改むるにはばかることなかれ」「巧言令色鮮《こうげんれいしょくすくな》し仁《じん》」「仁者《じんしゃ》は憂えず」「朋《とも》あり遠方より来たる」「故《ふる》きを温《あたた》めて新しきを知る（温故知新《おんこちしん》）」なども、みんな『論語』由来の言葉です。

『論語』は、今から二千五百年ほど前の中国・春秋時代を生きた孔子《こうし》の語録集です。章句の数は約五百、四百字詰め原稿用紙にして三十数枚程度です。さほど長くはありませんが、儒教《じゅきょう》の聖典として、後世の学者によって無数の注釈がつけられました。日本でも、特に江戸時代に武士の心構えとして盛んに学ばれたことで、強い影響を与えるようになったのです。

そのため『論語』には、古臭い道徳を押しつけてくる堅苦しいイメージもあります。しかし、そういう先入観を脇《わき》に置いて、「孔子とはどんな人なのか」「孔子は何を言いたかったのか」を知ると、『論語』は、現代の私たちに役立つ「生き方のヒント集」としてよみがえってきます。

孔子は紀元前五五二年に、中国中東部の魯《ろ》の国で生まれました。春秋時代は、強大だった周《しゅう》王朝が衰え、十二諸侯と呼ばれる魯、斉《せい》、晋《しん》、秦《しん》、楚《そ》、宋《そう》、衛《えい》、鄭《てい》、陳《ちん》、蔡《さい》、曹《そう》、燕《えん》をはじめとする約二百の国が武力による領土の拡大を図り、秩序や道徳が大いに乱れていました。中国が秦の始皇帝《しこうてい》によって統一されるのは、春秋時代と戦国時代を経たずっと後になります。

孔子の父・叔梁紇《しゅくりょうこつ》は六十歳を超えた武人、母は内縁の妻である顔徴在《がんちょうざい》という十六歳の巫女《みこ》でした。出生については世間からいろいろ言われたはずですし、孔子が三歳の時に父親が没したこともあって、肩身の狭い少年時代を送ったようです。

しかし、孔子を女手一つで育てた徴在は、当時としては珍しく文字に精通しており、孔子は読み書きを母親から習ったという説もあって、必ずしも悪いことばかりではなかったかもしれません。

やがて成長した孔子は、乱れた国を道徳や教育によって立て直そうと政治家を志します。しかし、家柄も財産も後ろ盾《だて》もない青年が政治家になることは、非常に困難でした。二十代の頃に下級官吏を務めたようですが、本格的に政治に携わるのは五十二歳からです。雌伏の時期がいかに長かったかがわかります。

孔子は魯の第二十六代君主・定公《ていこう》から中都《ちゅうと》の宰《さい》に任命されて実力を発揮し、五十四歳で大司寇《だいしこう》（司法長官）、五十五歳で宰相代行に出世します。しかし、翌年には、魯の実権を握る専横な公族「三桓《さんかん》」との抗争に敗れ、国から追われてしまうのです。

その後は十四年間に及ぶ放浪の時代を送ります。政治家になって国を立て直そうという孔子の志は、ほとんどかなわなかったのです。生い立ちや職歴を見ると、孔子はまさに不遇の人でした。

一方で孔子は人に慕われ、弟子が集まり始めます。孔子も教育に力を入れ、六十九歳で魯に帰って七十四歳で没するまでは、一個の教育家として生きました。三千人もの弟子を育て、多くの有能な人物を世に送り出したといわれています。

孔子は、人生のほとんどが逆境でした。くじけず前向きに生き抜いたとはいえ、決して時代の成功者とはいえないでしょう。

そんな孔子の言葉がなぜ、中国から日本、朝鮮半島、ベトナムに至る各地で多くの人の心を打ち、読まれ続けているのでしょうか。無数の解釈がありますが、その一つに、孔子の不器用さが挙げられると思います。

成功者は、生き方を器用に変えるのが普通です。しかし、孔子はいつも天の道理を信じ、課せられた使命を全うしようと生きてきています。

多くの人が、そんな不器用な生き方に惹かれ、「かくありたい」と願うのではないでしょうか。高い志や夢を持っても、その通りに生きられるとは限りません。しかし、志や夢を持ち続けることで強い自分になることができます。いつか理想にたどり着けると信じることもできるのです。

器用な生き方も簡単ではありませんが、どんな状況でも信じた道を歩み続けるのは、さらに難しいことです。だからこそ、幕末の志士などの武士から、『論語と算盤』を書いた渋沢栄一《しぶさわえいいち》などの経済人までが、『論語』を人生の指針としたのだといえます。

今という時代は、正論を声高《こわだか》に叫ぶことがためらわれる雰囲気があります。思い通りに生きられない「生きづらさ」を感じている人が少なくありません。

『論語』を読み、孔子の生き方を自分の力にすることが大切になっているのです。

私たちは、師と呼べる人に出会えずとも、「座右の書」を持つことで、正しく生きられます。これまで、無数の人たちが『論語』を座右の書にしてきました。本書が、そんな『論語』の素晴らしさにふれるきっかけになれば、これにまさる幸せはありません。

なお、『論語』は、孔子が弟子たちに語った言葉が、没後何百年かを経てまとめられたものです。そのため、ほとんどの章句が「子の曰わく（孔子のおっしゃるには）」というような形で始まっていますが、本書では省略しました。

また、全二十章には次のように章名がつけられていますが、いずれも章の最初の文字を取ったものであり、特に意味はありません。

章は、学而《がくじ》第一、為政《いせい》第二、八佾《はちいつ》第三、里仁《りじん》第四、公冶長《こうやちょう》第五、雍也《ようや》第六、述而《じゅつじ》第七、泰伯《たいはく》第八、子罕《しかん》第九、郷党《きょうとう》第十、先進《せんしん》第十一、顔淵《がんえん》第十二、子路《しろ》第十三、憲問《けんもん》第十四、衛霊公《えいれいこう》第十五、季氏《きし》第十六、陽貨《ようか》第十七、微子《びし》第十八、子張《しちょう》第十九、堯曰《ぎょうえつ》第二十です。

目次

1 人を動かす前に自分をまず正す――リーダーの心得

4 すぐやることは仕事のマナーである——行動の心得

5 同調か協調かで人間関係に大差がつく——処世の心得

6 努力してこそ才能の有無に気づける——努力の心得

7 平伏させずに心服させよう——組織運営の心得

8 人生に「もう遅い」「まだ早い」はない——生涯成長の心得

9 人生の大きさは志の大きさに等しい——初志貫徹の作法

1

人を動かす前に自分をまず正す

——リーダーの心得

01

人を動かす前に自分を正すのがいいリーダー。

孔子は「君子《くんし》には九つの思うことがある」と、リーダーの心得についてわかりやすく九つにまとめています。

「見る時には明（はっきり見ること）を思い、聴く時には聡（もれなく聞くこと）思い、顔つきは温（おだやかであること）を思い、姿・態度については恭（うやうやしく控えめであること）を思い、言葉については忠（誠実であること）を思い、仕事には敬（慎重であること）を思い、疑わしいことには問（問いかけること）を思い、怒る時には難（その後の面倒）を思い、利得を目の前にした時には義（公正な道義）を思う」

original

視《み》るには明を思い、聴くには聡《そう》を思い、色には温を思い、貌《かたち》には恭を思い、言《げん》には忠を思い、事には敬を思い、疑わしきには問いを思い、忿《いか》りには難を思い、得《う》るを見ては義を思う。

（季氏第十六）

「君子」は「学識・人格にすぐれた高徳の人物」「政治を行う高位・高官の人」といった意味ですが、現代的には模範的なリーダーと考えてもいいでしょう。ビジネスパーソンの多くは人に使われる難しさを嘆きますが、いざ人を使う立場になると、その難しさに驚きます。孔子も、君主であることは難しいが、臣下たることも容易ではないと考えていました（子路第十三）。

リーダーには威厳と思いやりの両方が必要不可欠です。何より言行が正しくなければ、部下が納得しません。成果さえ上げればよいのではなく、孔子が挙げた九つの条件を一つずつ振り返り、常に反省して自らを正すことが求められます。

02

同じ話でも
相手によって
ウェイトを変える。

孔子は、**相手に応じて話し方や教え方を変えてこそ心をつかめるし、動かすこと、育てることが可能になると考え、その実践に心をくだいていました。**こう話しています。

「中級以上の人には、上級のことを話してもよいが、中級以下の人には上級のことは話せない。（教える内容は、相手の水準によって変わってくる）」

孔子は大勢の弟子を抱える教育者でもありました。弟子の性格や能力はもちろん、家庭環境や素行などをよく観察し、臨機応変の教え方をしていたのです。

こんな話もあります。ある時、弟子の子路《しろ》が「人から善いことを聞いたならば、すぐにそれを行いましょうか」と質問すると、孔子は「父や兄がおられるのだから、その意見を聞くべきだ」とアドバイスしました。ところが、弟子の冉有《ぜんゆう》が同じ質問をすると、孔子は「すぐに行いなさい」と答えました。弟子の公西華《こうせいか》が戸惑い、同じ質問に異なる答えをした理由を尋ねたところ、孔子はこう諭しました。「冉有は消極的だから、励ましたのだ。子路はとかくやり過ぎるから、抑えるようにああ言ったのだ」（先進第十一）。

リーダーには、部下の能力を最大限に引き出すことが求められます。

しかし、**叱ったほうが伸びる人、叱ると萎縮してしまう人など、部下はみな個性が違います。**違いを把握した上で、「人を見て法を説く」ことが必要です。

original

中人《ちゅうじん》以上には、以《もっ》て上《かみ》を語《つ》ぐべきなり。中人以下には、以て上を語ぐべからずなり。

（雍也第六）

03

強みを伸ばしてやれ。弱みが気にならなくなる。

人間は誰しも、長所と短所、強みと弱みを併せ持っているものです。ところが、とかく上司は部下の短所や弱みばかりが気になって、肝心の長所や強みに目が行きにくい傾向があります。

万能の人間などいません。せいぜい一つか二つの分野にすぐれていれば、その部下は優秀なのです。つまり、**上司は部下たちの弱みは無視し、強みを存分に発揮できるように環境を整える必要があります。**それでこそ、組織は大きな総合力を発揮できるのです。

孔子も、そうした人の使い方を説いています。

「君子というものは、人の美点を励まして向上させ、逆に悪いところは正してなくさせる。小人はこれとまったく逆のことをする」

「小人」は君子と正反対の人物像。度量が狭く、徳のない品性の劣った人という意味です。そういう人が上司だと、部下は苦労が絶えません。

「何事かを成し遂げるのは、強みによってである」と経営学者のピーター・ドラッカーは言っています。**努力しても並以上になれないことに時間を使うほどムダなことはなく、それよりも強みを磨き、それを活かして成果を上げるほうが、はるかに効率的だということです。**

original

君子は
人の美を成す。
人の悪を成さず。
小人《しょうじん》は是《こ》れに反す。
（顔淵第十二）

ビジネスリーダーが成果を上げるためには、短所や弱み、ましてや好き嫌いで部下を判断しないことが大切です。長所や強みを思い切り伸ばしてやれば、成果はおのずから上がります。

04

口達者を理由に信じてはダメだし、口達者を理由に信じないのもダメだ。

上司が部下を正しく評価するのは、容易なことではありません。上司も人間である以上、好き嫌いがあります。従順な部下はかわいく思い、なにかと逆らう部下は、ついうとましく感じてしまうでしょう。

しかし、孔子は、そうした色眼鏡をかけたえこひいきに、はっきりと「ノー」を突きつけています。こう説いています。

「君子は発言がよいからといってその人物を抜擢《ばってき》せず、また人物がすぐれなかったり身分が低かったりしても、その発言を無視したりはしない（君子は人と言とを混同しない）」

よきリーダーは、言葉が巧みという理由だけで人を評価することはありません。言葉に実行が伴っているかで評価します。また、意見を聞く時に、相手の性格や立場などで加減はしません。大切なのは意見の内容です。つまり、**よい意見は誰が言ったものであっても耳を傾けるのが孔子の姿勢でした。**

明治維新の立役者の一人・勝海舟《かつかいしゅう》は下級旗本の生まれで、本来は世に出ることのない身分でした。しかし、ペリー来航後、幕府が海防に関する意見を広く募集した際、海舟の意見書が目に留まったことで出世の糸口をつかんだのでした。もしも幕府が身分によって海舟の「言葉を捨てて」いたなら、彼は世に出ず、維新への流れが変わったかもしれません。

意見を色眼鏡で見ないことが、大きな成果に結びつくのです。

original

君子は言を以《もっ》て
人を挙《あ》げず、
人を以て
言を廃せず。
（衛霊公第十五）

05

「みんな」って誰だ？
自分で決めて
自分で責任を取れ。

部下育成の手法の一つに「フィードバック」があります。部下の問題点などを指摘して軌道修正を行うことで成長を促す、すぐれた手法ですが、注意点があります。「Aさんにはいつも困っています」などといった第三者の指摘を、鵜呑《うの》みにしないことです。

評判や評価にはどうしても主観が入ります。にもかかわらず、それを鵜呑みにして「君にはみんな困っているぞ」と言ったら、Aさんはどう思うでしょう。心当たりがあれば反省するかもしれませんが、濡れ衣《ぎぬ》なら「上司はなぜ噂を信じて私を信じないんだ」と不信を募らせるでしょう。

部下に指摘をする時は、客観的なデータを調べたり、何人かの意見を聞き比べるといった慎重さが不可欠なのです。

孔子もこう話しています。

「世の多くの人が悪く言う時も必ず自分で調べ考える。世の多くの人がよく言う時も必ず自分で調べ考える」

孔子は弟子に、自分の頭で考え、自分で決断することを求めました。安易に「外の声」に従うのではなく、確信が持てるまで調べ、納得するまで考えて、自分の「内なる声」を聞くことが大切なのです。内なる声が正しいと確信したら、たとえ誰が「ノー」と言おうが、異なる意見を言おうが、気にすることはありません。

大事なのは「みんながどう思うか」ではなく、自分がどう思うかです。

original

衆これを悪《にく》むも
必ず察《さっ》し、
衆これを好むも
必ず察す。

（衛霊公第十五）

06

「次は私も」という夢を与えるのがいい人事。

孔子の故国・魯《ろ》は政情が不安定で、第三十七代君主・哀公《あいこう》は、孔子にさまざまな相談事をしています。ある時「どうしたら民を従わせることができるだろうか」と質問したところ、孔子はこう答えました。

「心のまっすぐな人たちを評価し登用して、心の曲がった人たちは退けるようにすれば、民は従うでしょう。反対に曲がった人間を評価し、まっすぐな人間を退けるなら、民は決して従わないでしょう」

どんな人を重用し、昇進させているかを見れば、組織の価値観は一目瞭然です。組織の人間は「何が大切にされているか」という価値観をじっと見ています。**正しい人や正当なやり方が大切にされている組織であってこそ、人々はリーダーを信頼し、自らも正しくあろうとするものだと孔子は考えていました。**

たとえばアップルの歴史を見ても、それがわかります。創業者スティーブ・ジョブズは三十歳で同社を追われますが、約十年後、危機に陥っていたアップルに復帰、再建しています。

ジョブズは、アップルが危機に陥った理由を、価値観がダメになったからだと考えました。自分がいない間に利益主義に偏り、製品開発が後回しにされていたのです。利益に貪欲《どんよく》な人間が優遇され、革新的な商品を志す人は次々と退社していました。ジョブズの会社再建は、価値観を改革することから始まったのです。

original

直きを挙《あ》げて諸《こ》れを枉《まが》れるに錯《お》けば則《すなわ》ち民服す。枉れるを挙げて諸れを直きに錯けば則ち民服せず。

（為政第二）

07

言葉で示すよりも行為で示しなさい。

孔子は、君主や官僚、経営者や上司といった**人の上に立つ人間は、誰よりも正しく、清廉・誠実であるべきだと考えていました。**

リーダーが怠慢だったり私腹を肥やしたりしていながら、下の人間に正義や誠実さを求めても、誰も従うはずがありません。法律や賞罰で縛れば一時的には従うでしょうが、結局は離反されてしまうでしょう。

こう説いています。

「もし自分の身を正しくさえすれば、政《まつりごと》を行い国を治めるのは難しくない。逆に、身を正しくすることができないようなら、人を正しくすることなどできるはずもない」

また、こうも言っています。

original

苟《いやしく》も其《そ》の身を正しくせば、政《せい》に従うに於《お》いて何か有《あ》らん。其の身を正しくすること能《あた》わざれば、人を正しくすることを如何《いかん》せん。

（子路第十三）

「上に立つ者が礼を好めば、人民はみな尊敬をする。上の者が義を好めば、人民は服するものだ」（子路第十三）。「上に立つ者の身のあり方が正しければ、命令しなくても民は自然に従い、物事は行われる。反対に、その身が正しくなければ、命令しても人は従わない（感化が大切なのだ）」（子路第十三）。

下の人間は、上に立つ人の「人物」を見ています。言葉よりも「誠意があるか、言行が一致しているか」で判断します。誠意がなく言行不一致だと思えば、うわべだけ従ったふりをするでしょう。

リーダーには、目に見える実績や実力以上に、見えにくい品性や人徳が不可欠なのです。

08

部下は鏡である。
部下が
不機嫌なのは、
上司が
怒るからだ。

季《き》康子《こうし》とは、魯《ろ》の実権を握って政情不安の要因となっていた「三桓《さんかん》」と呼ばれる公族の一人です。孔子は五十代の頃、魯の重臣となって政治を正そうとしますが、季康子らの抵抗によって魯を去ることになりました。

それだけに、『論語』には三桓に対する批判が何ヵ所か登場します。こう言っています。「季康子が政治について尋ねた。先生はこう言われた。『政とはまさに正です。もし貴殿が上に立つ者として正しさを率先したならば、誰もが正しくなろうとするでしょう』」

さらに、季康子が盗賊のことを心配して孔子に尋ねた時もこう言っています。「貴殿が無欲であられたなら、たとえ盗みをした者に褒美《ほうび》を与えると言っても、誰も盗みをしたりしないでしょう」（顔淵第十二）

魯の国が乱れる理由は国を率いるあなた方の横暴にあり、国を正したければまずは自分たちの行いを改めなさい、という諫言《かんげん》です。

「部下は上司を三日で見抜く」といわれる通り、下の人間はリーダーの言動をよく見ています。うわべを取り繕っても無駄です。第十六代米国大統領リンカーンも「一部の人を常にだますことも、すべての人を一時だますこともできる。だが、すべての人を常にだますことはできない」と言いました。リーダーが正しい行いをすれば、下の人間は自ずと正しい行いをするようになるというのが孔子の考え方です。

original

季康子《きこうし》、政《せい》を孔子に問う。孔子対《こた》えて日《のたま》わく、政とは正なり。子帥《ひき》いて正しければ、孰《たれ》か敢《あ》えて正しからざらん。

（顔淵第十二）

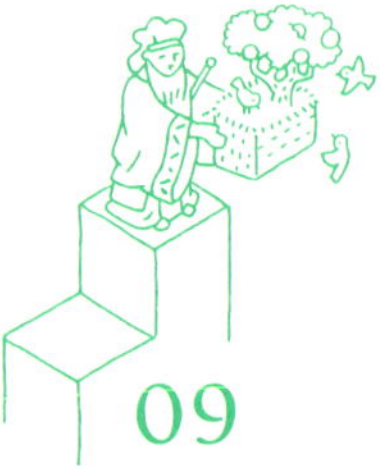

09

任せるのはいい。丸投げはいけない。

衛《えい》を訪ねた時、孔子が「人が多いね」と言ったので、冉有が「この上に何をしたらよいでしょうか」と尋ねると、孔子は「これを富ませよう」と答えました。冉有が「富ませたら、その上何をしたらよいでしょうか」と重ねて問うと、孔はこう答えました。「これを教育しよう」（子路第十三）。

孔子は魯を去った後、曹《そう》、鄭《てい》、陳《ちん》、宋《そう》、蔡《さい》、楚《そ》などの国を遊説しますが、衛はその一つです。**孔子は教育の力を強く信じており、教育によって人は変わるし、結果として国も変えられると考えていました。**それだけに、リーダーの怠慢による悪徳を四つ挙げて、こう憤っています。

「普段から民に教育を施さないでいて、悪事をなした時に死刑にするのは、むごく残酷だ。これを虐《ぎゃく》という。注意をすることなく、いきなり成績を検査するのは不意打ちでよくない。これを暴という。命令はゆるくしていて、期日通りにできていないとして罰する。これを賊という。当然出すべき民へのお金を出し惜しみする。これを有司（財物の出入りを管理するせこい役人）という」

original

教えずして殺す、これを虐《ぎゃく》と謂《い》う。戒めずして成るを視《み》る、これを暴と謂う。令を慢《ゆる》くして期を致す、これを賊と謂う。猶《ひと》しく人に与うるに出内《すいとう》の吝《やぶさか》なる、これを有司《ゆうし》と謂う。

（堯日第二十）

「任せる」という言葉を口実に仕事を丸投げし、失敗したら厳しく責める上司がいますが、大切なのは教育や指導です。それがあって初めて「任せる」と言えますし、部下は成長していくことができます。

10

上司こそ気くばりに精を出せ。

リーダーとして組織を率い、人を使うには、人に対する思いやりや、自分自身の正しさを欠くことはできません。孔子はこう説いています。

「戦車千台を有するような大国を治めるには、事業を慎重に行い、民から信頼を得ること、無駄な出費を抑えて節約し、民を大切にすること、民に労働させるにも農業のひまな時期を選ぶといった気づかいをすること、などが必要だ」。

いくら権力があっても、人は命令一つで動くものではありません。そこに配慮があってこそ「動いてもいい」となり、命じる人が君子であってこそ、「この人のためなら動こう」となるのです。

ところが、今日でも平気で残業や土日出勤を強要したり、あるいは「ろくな稼ぎもないくせに経費だけは請求するんだな」といった横暴な言葉を口にしたりして部下の反感を買う上司がいます。

上司が「十」を頼めば、部下は「よし。十五をやろう」とヤル気を燃やすのが組織の理想でしょう。しかし、上司が横暴だと、「十」を命じても、部下は「五だけやって、あとはごまかそう」となるのがオチです。

上司の横暴さは部下を面従腹背《めんじゅうふくはい》に追い込みます。だから孔子は「教育をしていない民を用いて戦うならば、きっと敗北する。これこそ上の者として、民を棄《す》てるということだ」（子路第十三）と、再三にわたって教育の大切さを説いたのです。

original

千乗《せんじょう》の国を道びくに、事を敬《けい》して信、用を節して人を愛し、民を使うに時を以《もっ》てす。

（学而第一）

2

気遣いとはタイミングである

――人を立てる心得

11

気遣いとはタイミング。

孔子は儒教の祖であり、多くの弟子を持つ教育者ですが、元々は政治家を志していました。二十代の頃は下級官吏でしたし、五十代の頃は魯の中都の宰として国政に携わり、さらに国の重臣にまで昇進しています。

三桓との対立で失脚したとはいえ、そのように陰影に富む経験があるだけに、**『論語』には、リーダーに仕える心構えも出てきます。**たとえば、何をいつ言えばいいのかについて、こう話しています。

「上位の人に仕える時に、三つの過ちがある。言うべき時ではないのに、言うのは、お調子者だ。言うべきなのに言わないのは、隠し立てする者だ。上の人の表情からその考えを推察しないで発言する者は、ものが見えていない者だ」

この場合の君子は、高位・高官の人の意味です。つまり、**上司にものを言うにはタイミングが重要だというのです。**

たとえば「報連相《ほうれんそう》」もそうです。いちいち言わなくてもいいような内容を熱心に言う部下はうるさがられます。右か左かを決める分岐点で、「伝えるのが難しいなあ」と重大な情報を握りつぶす部下は害悪でしょう。また、多忙な時や緊急事態に直面している時に、自分の都合だけで話しかける部下も「お客様に対しても同じ態度か?」と疑われることになります。

original

君子に侍《じ》するに三愆《さんけん》あり。言未《げんいま》だこれに及ばずして言う、これを躁《そう》と謂《い》う。言これに及びて言わざる、これを隠と謂う。未だ顔色を見ずして言う、これを瞽《こ》と謂う。

（季氏第十六）

12

安易なイエスは身を滅ぼす。

孔子の下には多くの弟子が集まり、学者・教育者としての名声が徐々に高まっていきます。やがて、孔子の下で学ぶことは仕官に有利になると考える者も出てきました。孔子も、いろんな為政者に弟子たちの働き口をあっせんしています。

　では、孔子は弟子たちにどんなアドバイスをしていたのでしょうか。イエスマンになるなと、こう言っています。

「子路が主君に仕える道についてお尋ねした。先生はこう言われた。『第一に、主君をあざむいてはならない。そして、君主の顔色をうかがわずに、諫《いさ》めるべき時には、勇気を持って諫めることだ』」

上司の役に立ちたいなら、時には「ノー」を言う勇気が必要なのです。もちろん「難しいからできません」というネガティブな拒否ではなく、**正義に反している場合は、興を買ってでも反対するということです。**

　孔子自身はこうした姿勢によって冷や飯を食うことになりました。しかし、理想の実現には、イエスマンにならないことは重要な一線であり、それを弟子たちにも貫いてほしかったのです。

　リーダーには、さまざまなタイプの人物がいます。すぐれた人もいる一方で、貪欲な人、利己的な人、無責任な人も少なくありません。しかも部下は上司を選べないのです。上司に仕えるという難しい橋を渡る時、孔子の教えは大きな道しるべになるのではないでしょうか。

original

子路《しろ》、君に事《つか》えんことを問う。子の曰《のたま》わく、欺《あざむ》くこと勿《な》かれ。而《しか》してこれを犯せ。

（憲問第十四）

13

儲かることよりも
やりたいことに
儲けの鍵がある。

「なんぼ儲かるかよりも、みんなが喜ぶやろなあと考えることだ」とは、パナソニック創業者で「経営の神様」といわれた松下幸之助氏の言葉です。もちろん松下氏は、利益を度外視したのではありません。**儲けばかりを求める商売は力が弱く、「お客様のため」という使命からスタートする商売は力強いものになる**ということです。

孔子は弟子に就職のあっせんをしましたが、報酬や地位をを得ることは決して目的ではないと、こう説いています。

「主君の下で仕事をするに当たっては、まず何よりもその仕事を誠心誠意しっかりこなし、報酬や待遇のことは後回しにすることだ」

大切なのは仕事に打ち込んでよい結果を出すことであり、お金はその後についてくるのです。

さらに、どうすれば報酬をもらえるようになるかを知りたがっていた弟子の子張《しちょう》には、こう諭しています。「たくさんのことを聞いて参考にし、これは怪しいと少しでも思うことは口にせず、慎重にそれ以外の確実なことだけを言うようにすれば、人からとがめられることは少なくなる。これは危ないと思ったことはやらず、慎重にそれ以外の確実なことだけをやるようにすれば、後悔は少なくなる。言うことに間違いが少なく、悔いるような行動が少なくなったならば、そうした人間的成長それ自身の中に、すでに『報酬』があるといえる」（為政第二）。

original

君に事《つか》えては、
其《そ》の事を敬《けい》して
其の食を後《あと》にす。
（衛霊公第十五）

14

陰日向なく働く。上司のよしあしなど小さなことである。

いい上司の下では働きやすく、ダメな上司の下では働きにくいと私たちは単純に考えます。しかし、孔子は上司と部下の関係をもっと深く洞察し、こう説いています。

「君子的人物には仕えやすいが、喜ばせるのは難しい。君子にはへつらってもだめだ。筋の通った道義によってでなければ喜ばない。君子は思いやりがあって、部下の長所に合った仕事を与えるので仕事がしやすい」

こう続けています。「反対に、小人的人物には仕えるのは難しいが、喜ばせるのは簡単だ。へつらいのように、道理に合ったことでなくても喜ぶ。しかし、部下には何でもさせようとするから、その人の下で仕事をするのは大変だ」

original

君子は事《つか》え易《やす》くして説《よろこ》ばしめ難《がた》し。これを説《よろこ》ばしむるに道を以《もっ》てせざれば、説ばざるなり。其《そ》の人を使うに及びては、これを器《うつわ》にす。（子路第十三）

いい上司は、部下の能力や性格を見ながら、適材適所で成長のチャンスを与えてくれます。しかし、部下がいい加減な働き方をすると、非常に厳しく評価します。部下は、上司がよければよいほど全力を出す必要があるのです。

一方、ダメな上司は、部下の能力や性格など無関係に仕事を与えるので、ムダや無理が多くて大変です。面従腹背してごまかすこともできますが、そんなことをしていては、部下自身がダメになってしまいます。

部下は、上司のよしあしに関わらず、陰《かげ》日《ひ》向《なた》なく常に全力を出すことが自分を最もよく伸ばすことになるのです。

15

友人を選ぶ時は
職人が道具を
選ぶように。

孔子は弟子の子貢《しこう》から仁徳の修め方を質問された時、職人の例を出して「かくありたい」とこう説いています。

「職人が仕事をうまくやろうとすれば、必ずまず道具を磨く。そのように、その国の政務を担当する大夫の中のすぐれた人物にお仕えし、その国の士人の中の仁徳ある者を友だちにして、自分を磨き上げることだ」

ある人が、医者の腕は往診鞄《かばん》の中を見ればわかると話していましたが、確かに、道具がきちんと手入れされ整理整頓されているか、道具に工夫がされているかを見れば、腕のよしあしや、仕事に臨む心構えを知ることができます。

同様に、**どのような師や友とつき合っているかを見れば、その人の志や能力の高低、性格までがつかめるものです。**

人は、よき人と親しくすることでたくさんの学びを得ますし、仕事をうまく進めることも、また、自分を磨くことも可能になります。

一方、あしき人と近づくと、とかく安易に流れて仕事にも悪影響が生じ、自分を磨くことが難しくなります。

職人は道具が命であり、道具に細心の注意を払います。それと同様に、**人徳を高めたい時は、つき合う人間が鍵になるのです。**職人がいい道具を選ぶように人を選び、職人が道具を磨くように師から学び、友との切磋琢磨《せっさたくま》を怠らないことが大切です。

original

工《こう》、其《そ》の事を善《よ》くせんと欲すれば、必ず其の器《き》を利《と》くす。是《こ》の邦に居りては、其の大夫の賢者に事《つか》え、其の士の仁者《じんしゃ》を友とす。

（衛霊公第十五）

3

失敗よりもその対処で評価が定まる

——不遇の時の心得

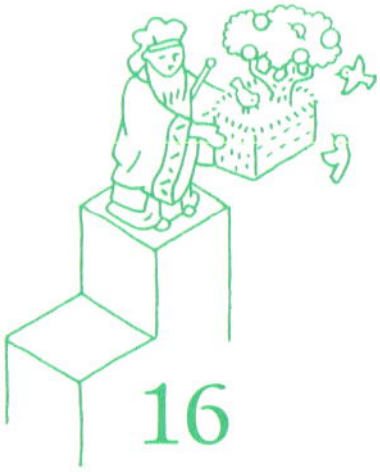

16

失敗よりも
その対処で
評価が定まる。

人生には失敗がつきものです。とすれば、失敗にどう対処するかが人生を決めることになります。

孔子は「失敗したらすぐに改めなさい」と説いています。よく知られた「過《あやま》てば則《すなわ》ち改むるに憚《はばか》ること勿《な》かれ」（学而第一）という言葉がそれです。「もし自分に過失があれば、ぐずぐずしないで改めなさい」というわけです。

さらに、こう戒めています。

「過ちをしても改めない、これを本当の過ちという」

失敗しないように努力することは不可欠ですが、人は必ず失敗します。新しいことに挑戦すればするほど、失敗も多くなるものです。

そんな時、言い訳をしたり、誰かに責任転嫁したりしてはいけません。

まずは「失敗しました。すみません」と謝罪し、「だから、こうします」と対策を打ち、さらに「今後失敗しないためには、何をどう改めればいいのか」を考えることが大切です。それでこそ、失敗は成長の糧《かて》になります。

ある経営者は、失敗した時は「失敗したあ」と大きな声で言えと新入社員にアドバイスするそうです。理由は、怒られまい、侮られまいと失敗を隠すと、自分がダメになるからです。

それよりも、思い切って失敗を告知すれば、先輩や上司は「この馬鹿が」くらいは言うかもしれませんが、みんなで挽回方法を考え、支援してくれるでしょう。それが成長の糸口になります。

original

過《あやま》ちて改めざる、
是《こ》れを過ちと謂《い》う。
（衛霊公第十五）

17

失敗してもいい。
めげないことが
肝要だ。

人生には失敗がつきもののように、不遇・不運の時期がやってくることも避けられません。生きていくのは決していいことばかりではないのです。いい時もある一方で、逆境の時もあります。

しかし、**逆境の時こそ、人はたくさんのことを学ぶでしょう。**真の友情・愛情や自分の底力を知るのです。孔子はこう説いています。

「寒さが厳しくなってはじめて、松やひのきのような常緑樹が枯れにくいことがわかる（人もまた厳しい局面になったときに真価がわかるのだ）」

original

歳《とし》寒くして、然《しか》る後に松柏《しょうはく》の彫《しぼ》むに後《おく》るることを知る。
（子罕第九）

孔子自身が長い苦難を経験しています。故国では政治家としての志を得ませんでしたし、衛、陳、宋などを放浪する遊説は十四年間に及びました。飢えや渇き、生死の危険にも何度かさらされています。それに屈せず学び続け、弟子を教育して儒教の祖になったのです。禍福《かふく》は、コインの裏表のように、常に隣り合わせになっています。

成功して慢心し、悲惨な末路を迎えた人は、成功した過去を「あれがいけなかった」と後悔するかもしれません。逆に、不遇によって鍛えられて成功を勝ち得た人は、つらかった過去を「あれが幸いした」と誇るに違いないのです。

不遇に陥っても、わが身を呪ったり、自暴自棄になったりしないことが大事です。どのような境遇の下でも、自分のやるべきことを変わることなくやり続ける人間が大成します。

18

不遇の時は黙々と努力するのがベストである。

人から認められず、望む地位がいつまでも得られないことは、つらいものです。つい愚痴をこぼしたくもなりますが、孔子は、その前にやるべきことがあるだろうと、こう戒めています。

「社会的地位がないことを嘆くよりも、そうした地位に立つために必要なことが自分に欠けていることを反省すべきだ。自分を評価してくれる人がいないことを嘆くよりも、認められるだけのことをしようと努力すべきだ」

こうも言っています。「人が自分の能力を知ってくれないことを不満に思うより、自分が力量不足であることを心配しなさい」（憲問第十四）と。

評価は他人がするものです。そして他人を変えることはできません。自分が変わることで評価を変えるしかないのです。

のちに伊藤忠商事社長となった丹羽宇一郎《にわういちろう》氏は、社会人一年目に先輩から「自分で自分を評価するな」と怒られたことがあると言います。若かった丹羽氏は、仕事をきちんとこなしているつもりになり、「なぜ周囲は俺を評価してくれないんだ」と不満を溜めていたのです。

しかし、先輩は「人間は百点の仕事をした時、自分では百五十点をつけるものだが、周囲の評価は七十点くらいがせいぜいなのだ」と教え、周囲の評価が百点になるまで黙々と努力しなさいと諭したのでした。

見る目がないのは他人ではなく、自分自身だということです。

original

位なきことを患《うれ》えず、立つ所以《ゆえん》を患う。己を知ること莫《な》きを患えず、知らるべきことを為《な》すを求む。

（里仁第四）

19

不遇は何かの準備期間だと考えてみる。

「下学上達」とは、初歩的で身近なところから学び始め、コツコツと努力を重ねて高度な真理に到達するという意味です。

孔子は、父親が六十歳過ぎの武人、母親は十六歳で身分の低い巫女《みこ》という生まれでした。父親は早くに亡くなり、何も後ろ盾《だて》のない若者として、苦労しながら学問に励んだのです。

そのうえ故国を追われ、五十代から六十代は諸国を放浪せざるを得ませんでした。

そんな逆境の中で、さすがの孔子も「私のことを本当にわかってくれる人は、今の世にはいないなあ」とつぶやくことがありました。聞いた子貢が「先生のような方をわかる者がいないなどということがどうしてありましょうか」と驚くと、孔子はこう答えました。

「これまで不運であっても天を恨まず、人をとがめず、身近なことを学んで高尚な道徳へと達してきた。私のことをわかってくれるのは、天だ」

人は誰でも、常に順風満帆《まんぱん》で、日の当たる場所で活躍できるわけではありません。がんばっても報われないことや、不運・不幸・不遇が続くことがしばしばです。

そういう時期は人生にとって害毒でしかないと考えれば、努力を放棄したくなるでしょう。しかし、それは薬であり、**下積みの修行期間なのだと前向きに捉えれば、挽回のチャンスを狙う気力が湧きます。**孔子はどんな時も常に前向きでした。

original

天を怨《うら》みず、
人を尤《とが》めず、
下学《かがく》して上達す。
我れを知る者は
其《そ》れ天か。

（憲問第十四）

20

信念は
あらゆる扉を開く。

多くの人に反対されて孤立した時、めげずに自分を貫くには信念が必要です。

信念の大切さについて、孔子は弟子の司馬《しば》牛《ぎゅう》との問答においてこう言っています。

「（単に憂いやおそれがなければ君子ということではない）君子というのは、自分の心を省みて少しもやましいことがないからこそ、何も憂えず、おそれることがないのだ」

孔子の後継者とされる孟子《もうし》に「自ら反《かえり》みて縮《なお》くんば、千万人と雖《いえど》も、吾往《われい》かん」という言葉があります。「自分の心を振り返って正しいと確信できたら、たとえ相手が千万人であっても、私は敢然と突き進む」という意味です。高杉晋作《しんさく》、伊藤博文《ひろぶみ》ら多くの人材を育てた吉田松陰《しょういん》も、孟子のこの勇ましい言葉を好んで使っています。

大切なのは「これは本当に正しいか。本当に善なのか」と徹底的に自問自答することです。「イエス」という信念さえ持てれば、孤立に戸惑うこともなく、信じる道を進めます。

一九八二年にトヨタ自動車工業とトヨタ自動車販売が合併してトヨタ自動車が誕生する時、マスコミが、「新たな合理化」「余剰社員は出向」といった憶測記事を多く書きました。放っておくと社員は不安になります。社長だった豊田《とよだ》英二氏は、マスコミの誤解・曲解を丁寧に説明することで社員の不安を一掃しました。「当事者が正しいことをしているという信念を持っていることが大切だ」と当時を振り返っています。

original

内に省《かえり》みて
疚《やま》しからずんば、
夫《そ》れ何をか憂え
何をか懼《おそ》れん。

（顔淵第十二）

21

仲間が
いないのではない。
まだ見つかって
いないだけだ。

弟子の子游《しゆう》が、ある時こう嘆いています。「主君にとって耳の痛いことを言えば、罰を受けやすい。友人にもうるさく言うと疎遠にされる」。

思わず「そうだよなあ」とうなずいた人がいるのではないでしょうか。

確かに、上司に直言し続けると、それが正論であっても、煙たがられて遠ざけられがちです。友人も同様で、忠告や助言が多くなると「面倒くさい奴だ」とうるさがられます。

正しいことを言う時は、人に嫌がられることを覚悟する必要があるのです。

一方、孔子は「世の中、そんなに捨てたものじゃない」と考えていました。こう説いています。

original

徳は孤《こ》ならず。
必ず鄰《となり》あり。
（里仁第四）

「いろいろな徳は、ばらばらに孤立してはいない。必ず隣り合わせで、一つを身につければ隣の徳もついてくる」

こうも言っています。「政治をするのに徳があれば、不動の北極星をまわりの星がとりまいてあいさつするように、人々の心はその徳のある為政者に従うものだ」（為政第二）

「熱意は人から人に伝わる」という言い方があります。熱意のある言葉は、最初は煙たがられても、くり返すうちに徐々に人に伝わり、影響を与えるに至るのです。

もちろん孔子も、そうそう簡単にはいかないことを知っていたはずですが、それでも、やり続けることで世の中をよりよいものにできることは信じていたのです。

22

成功後の行動はみな似ているが、不遇時の行動はみな違う。差はそこでつく。

四年の放浪生活の間に、孔子は何度も深刻な危機に直面しました。

たとえば、六十四歳の時に陳の国に入った時は、誤解から軍隊によって包囲されて食べ物がなくなり、孔子も弟子たちも立って歩くことができないほど疲労困憊《こんぱい》しました。

子路が腹を立て「君子でも困窮することがあるのですか」と質問したところ、孔子はこう答えました。

「君子ももちろん困窮することはある。小人は困窮すると心が乱れて、でたらめなことをするが、君子は乱れない（そこが違いだ）」

子路は、君子が困窮するのは不当であり、また、君子であれば当然、困難を避けられるはずだと思っていたのでしょう。

しかし、現実はそうではありません。どんなに立派な人でも窮することはあります。**大切なのは、苦境にあってどう振る舞うかです。**

うろたえて志を捨てたり、助かろうとして不正な手段を使ったりすれば、積み重ねてきた努力や徳望を失うことになりかねません。君子は苦境にあっても泰然《たいぜん》自若《じじゃく》としていられるから君子なのだ、というのが孔子の考え方でした。

順調な時は、誰でも立派な言葉を連ねたり、自信たっぷりに振る舞うことができます。**人間の真価や本当の力量が問われるのは、危機に陥った時です。**その時に落ち着いて道を指し示せる人に、弟子や部下はついて行きます。

original

君子固《もと》より窮す。
小人窮すれば
斯《ここ》に濫《みだ》る。
（衛霊公第十五）

23

現状維持は衰退の別名である。

人の世は変転きわまりないものです。どんなに凄い才能を持っていても、やがてはそれを上回る才能が登場し、色あせてしまいます。時代が変われば、強みが弱みになってしまうこともしばしばです。

孔子はこう言っています。

「人として遠くまで見通す配慮がないようでは、きっと身近な心配事が起こる」

物事がうまくいっている間に、将来に備えて何かを変えていく必要があります。

ところが、これが簡単なようで案外と難しいのです。

人間は誰しも「うまくいっているのに変える必要はない」「現状のまま、行けるところまで行きたい」と考えがちだからです。

original

人にして遠き慮《おもんぱか》り無ければ、必らず近き憂い有り。
（衛霊公第十五）

しかし、そういう現状維持の考えには落とし穴があることを知らなければなりません。

「今日のために戦い、明日のために考える」とは、イギリスのサッカープレミアリーグの名門マンチェスター・ユナイテッドに黄金時代をもたらした元監督アレックス・ファーガソンの口癖でした。

プロである以上、今日勝つことができなければ、意味がありません。かといって、目先のことばかりを考えていると、一年、二年先のチームづくりが後手に回ってしまいます。プロは今日も明日も、そして来年も勝つことが必要です。今を懸命に生きながら、将来への備えも怠らないことが、人としての理想です。

4

すぐやることは仕事のマナーである

――行動の心得

24

君子は
口は重く腰は軽い。
小人は
口は軽く腰は重い。

孔子は実行・実践をきわめて重視していました。こう言っています。

「君子は、軽々しいことを言わず、やるべきことは素早くするようでありたい」

　さらに『論語』の何ヵ所かで同様のことを説いています。「昔の人が軽々しく言葉を口にしなかったのは、自分の身の行いがそれに追いつけないことを恥じていたからだ」（里仁第四）。あるいは「君子は自分の言葉が実行以上になることを恥とする」（憲問第十四）などです。**言ったことは必ず実行する有言実行を求めたのです。**

　また、「君子は、自分の主張をまず行動で表し、その後に主張を言葉にするものだ（つまり、君子は口先の人ではなく、実行の人なのだ）」（為政第二）と、不言実行も推奨しています。

孔子は考えすぎることも戒めました。ある人が「魯の家老の季文子《きぶんし》は三度考えてからはじめてそれを実行した」と賞讃したところ、孔子は「二度考えたらやるべきかどうかはわかる」（公冶長第五）と軽く突っぱねています。

　熟考は大切です。ビジネスでも、リスクを避けるには「あと五分考えろ」と言ったりします。**しかし、考えすぎると迷いが生じてチャンスを逃しかねないのも事実です。**だから孔子は、考えたらすぐ実行せよと強調したのでしょう。

　ちなみに「誠とは言うを成すことである」とは、トヨタの始祖・豊田佐吉《さきち》氏の言葉です。

original

君子は言《げん》に訥《とつ》にして、行《こう》に敏《びん》ならんと欲す。

（里仁第四）

25

失言は訂正できないんだよ。

この言葉は衛の国の大夫・棘子成《きょくしせい》との問答での子貢の発言ですが、当時よく知られた諺《ことわざ》だったようです。

棘子成が「君子には質（質朴、質素）が何よりも大切だ。文《かざり》など必要ない」と言ったのに対し、子貢は「残念だが、君の君子観は失言だね」と応じ、こう言ったのです。

「口に出した言葉は速馬《はやうま》でも追いつかないという言葉通りだ」

そして、「文は、君子にとって質と同じくらい大切なもので軽視すべきではない」と、棘子成をたしなめたのでした。

「駟も舌に及ばず」と似た言葉に、「綸言《りんげん》汗の如し」があります。

一度出た汗は再び体内に戻せないように、君主も一度口にした言葉は訂正したり取り消すことができないという意味です。

本田技研工業（ホンダ）創業者の本田宗一郎《そういちろう》氏は、もっとわかりやすく、こう言っています。

「日記は消しゴムで消すことができるが、口から出た言葉は取り消すことができない」と。

君子も間違えます。間違えたらすぐ改めるのが大切ですが、それは、軽はずみに失言してもいい、取り消しさえすればそれですむ、ということではありません。

そうした言葉の軽さは、君子にあるまじきものです。人は言葉には慎重でなければならず、まして君子の言葉は「必ずやる」ことを意味するものだというのが孔子の考え方です。

original

駟《し》も舌に及ばず。

（顔淵第十二）

26

すぐやることは仕事のマナーである。

孔子は「礼」も非常に重んじていました。特に「郷党第十」には礼儀作法に関する具体的な行動が数多く示されており、**どう行動すれば礼にかなうかを孔子が常に気にかけていたことがよくわかります。**

しかし、中にはちょっと読んだだけでは「なぜ？」と思う章句もあります。その一つが、この言葉です。

「(孔子は) 君主から呼び出しがあった時には、馬車の用意が整うのを待たずに家を出られた」

君主から相談を受けるほどの地位にある人は、外出に際しては馬車に乗ることが礼儀とされていました。ところが、孔子は徒歩で屋敷を出るほど急いで君主の元へ向かうのを常としていたというのです。

馬車を用意するわずかの時間くらい待てばいいのに、と思いますが、そうではありません。**孔子は「論の人」である以上に「実行の人」でした。**君主からの呼び出しなど即応すべきことに対しては、すぐ行動に移すのが、孔子にとっては礼にかなった行為だったのです。

今川義元《よしもと》の圧倒的な大軍を撃破した桶狭間《おけはざま》の戦いの日、織田信長は兵士の準備が整うのを待つことなく、単身馬に乗って城を飛び出したといいます。すぐ続いたのは数人で、ほとんどの兵士は「殿が先に行かれたぞ」とあわてて追ったのでした。武人にありがちなこうした俊敏さを、孔子が日頃から態度で示していたのには驚かされます。

original

君、命じて召せば、駕《が》を俟《ま》たずして行く。

（郷党第十）

27

「できない」理由の
九九%は
「やろうとしない」
だけだ。

「人として当然すべきことをしない傍観者的な態度は、勇気がない（人として当然なすべきことをなすことが大切だ）」

孔子のこの有名な言葉は、孟子や日本の武士道に強い影響を与えました。

たとえば孟子は、「義」についてこんな言葉を残しています。**「人が『できない』と言っている時、九九％は『やろうとしない』を『できない』と誤魔化しているのだ。**人間はこの世に正義を実現するために生きているのだから、正義の実現のためには死んだとしても本望と思うべきだ」と。

また、世界的名著『武士道』を書いた新渡戸稲造《にとべいなぞう》は、「義」について、「侍《さむらい》にとって、卑怯な行動や不正な行動ほど恥ずべきものはない。そうした心性が義である」と説明し、幕末の志士・真木和泉《まきいずみ》のこんな言葉を紹介しています。

「義は、たとえて言うと、人の身体に骨があるようなものである。骨がなければ首が正しく据《す》わることができない。手も動かないし、足も立つことができない。だから、人は才能があっても、学問があっても、義がなければ世の中に立つことができない。義があれば、無骨《ぶこつ》で不調法《ぶちょうほう》であっても、武士たる資格がある」

つまり、義に基づいて行動するのが武士道の基本なのです。孔子はそこまで過激ではありませんが、**正しいこと、なすべきことを、あれこれ理屈をつけてやらない人を厳しく批判しているのです。**

original

義を見て為《せ》ざるは、
勇なきなり。

（為政第二）

28

勇気はいつも
正義とセット。

孔子は子路に「君子は勇を大事にしますか」と質問され、こう答えています。

「君子は勇ではなく義、正義・道義を第一にする。上に立つ者が勇であっても義に欠けているなら反乱を起こす。一般の民が勇であっても義に欠けているなら盗みを働く（単純な勇ではなく、義を第一とした大勇でなければならない）」

平安時代末期の武将・木曽義仲《よしなか》は、源氏一門の中でも勇猛で有名でした。ところが、平家の大軍を破って京都に入ったまではよかったものの、義仲の軍隊は寄せ集めで統制がなく、乱暴狼藉《ろうぜき》を働いたのです。そのため人心を失い、同族の源義経《よしつね》によって討たれてしまいました。

もちろんすべてが義仲の責任ではないものの、いくら勇猛果敢でも、義を保てない軍隊の「勇」は蛮勇と化し、人々の離反を招きます。**勇気は正義のために振るわれるのでなければ無価値になるのです。**

水戸藩第二代藩主で『大日本史』の編纂でも有名な徳川光圀《みつくに》に、「生きるべき時に生き、死ぬべき時にのみ死ぬことを本当の勇気という」という言葉があります。蛮勇やメンツ、私怨《しえん》など取るに足らない理由で刀を振るうのは勇気ではないのです。勇気はいつも「義」とセットだと考えられるのです。義がなければ耐えがたい状況でも沈黙を守り、義があれば不利な状況でも戦うのが勇気だといえるでしょう。

original

君子、義以《もっ》て上《かみ》と為《な》す。君子、勇ありて義なければ乱を為す。小人、勇ありて義なければ盗を為す。

（陽貨第十七）

29

役に立つ勇気が
真の勇気。
それ以外は
単なる無分別。

顔《がん》淵《えん》（顔回）は孔子が将来を嘱望《しょくぼう》し、後継者と目していた随一の弟子です。

その顔淵に孔子が「君主に用いられたら道を行い、必要とされなければ退いている。こうした出処進退をわきまえたふるまいは、ただ私とおまえだけができることだね」と言ったところ、子路が「先生が大国の数万の軍隊を指揮されるときは、誰と行動を共にしますか」と質問してきました。孔子はこう答えました。

「素手で虎に向かい舟なしで河を渡る。そんな向こう見ずで、死んでも後悔しない者とは、行動を共にしない。必ず事に臨んで慎重に考え、戦略を工夫し成しとげる者と一緒にやりたい（勇は道理にかなってなければ蛮勇になってしまうのだよ）」

original

暴虎馮河《ぼうこひょうか》して死して悔《く》いなき者は、吾《わ》れ与《とも》にせざるなり。必ずや事に臨《のぞ》みて懼《おそ》れ、謀《ぼう》を好みて成さん者なり。

（述而第七）

子路には無鉄砲なところがあったので、孔子はたしなめたのでした。

孔子の「世の中が乱れ、正しい道がなおざりにされている。いっそ、いかだに乗って海に出ようか。私についてくるのは、まあ子路ぐらいかな」という言葉を聞いて子路が喜んだ時も、孔子は「子路が勇ましいのを好むのは、私以上だ。しかし、粘り強く航海を続けるためのいかだの材料は持っていない」（公冶長第五）と諭しています。**孔子は実行重視の一方で過激な行動を嫌い、中庸《ちゅうよう》を重んじていたのです。**

「真の勇気は有用な勇気である」とは、心理学者アルフレッド・アドラーの言葉です。

30

言葉だけで判断しない。行為を見て決める。

実行を重んじる孔子は、**言葉だけで人を評価してはならない**と考えていました。こう説いています。

「言論がもっともだというだけで評価していたのでは、その人が本当に心と口が一致している君子なのか、口だけの人間なのかはわからない」

孔子が君子に求めたのは巧みな弁舌ではなく、あくまで実行でした。

巧みな弁舌で世間を渡っていこうとする人は、今も昔も少なくありません。話し上手であることは、ビジネスでも政治でも、一般的な人間関係においても、大きな武器となります。人間には、話のうまい人に魅せられる傾向があるのも確かです。

original

論の篤《あつ》きに
是《こ》れ与《くみ》すれば、
君子者か、
色荘者《しきそうしゃ》か。

（先進第十一）

問題は、話に実行が伴うかどうかです。たとえば巧みなプレゼンテーションで決裁権者に「イエス」と言わせたものの、実行の段階で行き詰まるのでは、大きな損失です。演説上手なだけで誠実さのない政治家なども同様でしょう。

孔子の時代から二千年以上も下った明《みん》代の儒学者・王陽明《おうようめい》が主張した知行合一《ちこうごういつ》は、幕末の志士にも大きな影響を与えました。**知ることと行うことは同じであり、行わないのは知らないことと同じだというのです。**

知行合一は24項で紹介した「君子は、自分の主張をまず行動で表し、その後に主張を言葉にするものだ（先《ま》ず其《そ》の言を行い、而《しか》して後にこれに従う）」という孔子の言葉が元だとされています。

31

知恵と知識は車の両輪になってこそ推進力になる。

物事を正しく判断するには、知識だけではダメだというのが孔子の考え方です。こう説いています。

「外からいくら学んでも自分で考えなければ、物事は本当にはわからない。自分でいくら考えていても外から学ばなければ、独断的になって誤る危険がある」

孔子のいう「学び」を「知恵」といっても間違いではないでしょう。知恵は自分で考え、自分で実践することで身につくものだからです。

孔子は、知識がなければ知恵は蓄えられないし、知識ばかり詰め込んでも、知恵がなければ現実の役には立たない、と言っているのです。**大切なのはどちらにも偏らず、両者のバランスを取ることでしょう。**

本田宗一郎氏は、元々は知恵の人で、学歴や試験の点数などは評価していませんでした。それでも天才的な技術者であり、いくつもの発明を行っています。しかし、そんな彼も、エンジンの性能向上に不可欠なピストンリングの製造に挑戦した時は「知識」の必要性を痛感しています。試行錯誤を重ねても、いいピストンリングがつくれなかったのです。

ところが、ある学校で指導を仰ぐと、原因はシリコン不足にあるとわかりました。本田氏はその学校の聴講生となり、知識と知恵を合一させてピストンリングを完成させたのです。ただし、免状はいらないと試験を一度も受けませんでした。

original

学んで思わざれば則《すなわ》ち罔《くら》し。
思うて学ばざれば
則ち殆《あやう》し。
（為政第二）

32

心の豊かさが
知識の豊かさ。
逆ではないよ。

志士でもあり教育家でもあった吉田松陰は、著書『講孟余話《こうもうよわ》』で、こう言っています。「水を得られなければ、いくら深く掘っても、それは井戸とはいえない。同じように、いくら学問に励んでも『道』を体得できなければ、それは学問とはいえない」と。

孔子は学問の力を信じる一方で、**徳を養わずに学問に打ち込むだけでは不足であると知っていました。**「年少者の心がけとしては、家の中では孝を尽くし、外では年長者に仕えて弟《てい》を尽くし、つつしみ深く、誠実であること。そして、世の中の人々を広く愛し、仁者に近づき親しむ」と言った後、こう説いています。

「こうしたことを行ってまだ余裕があれば、『詩経』『書経』などの書物を学ぶことだ」

連想されるのが、アマゾン創業者ジェフ・ベゾスの逸話です。ベゾスは十歳の頃、祖父母と旅をし、祖母が愛煙家であることを知りました。そこでタバコの広告の「タバコを一回ふかすたびに寿命が二分縮む」というデータを元に計算して、祖母が九年も寿命を縮めていると忠告したのです。ベゾスは祖母は自分の頭のよさに感心すると思っていました。ところが、祖母は泣き出し、祖父から「賢くあるより優しくあるほうが難しいと、いつかわかる日が来るよ」と忠告されたのです。以来、ベゾスは思いやりがあってこそ賢さが生きると考えるようになりました。大切なのは、まず心豊であることなのです。

original

行ないて
余力あれば、
則《すなわ》ち以《もっ》て
文を学ぶ。

（学而第一）

33

誰もやらないなら自分がやることだ。

自分の行動を「みんながやるから、やる」「国がやらないから、やらない」といった価値観で決める人がいます。それではダメだと、孔子はこう説いています。

「自分の欲に克《か》ち、礼という規範に復《かえ》るのが仁ということだ。一日でもそれができれば、世の中の人もこれを見習い、仁に目覚めるだろう。仁を行なうのは自分次第だ。人に頼ってできるものではない」

「この国には仁がない」と嘆くのではなく、たった一人でもいいので正しい生き方を心がけよ。そうすれば、社会はその分だけよくなっていくというのが孔子の考え方でした。**自分のことを棚《たな》に上げて、政治や世の中を批判するのは間違いだ**というのです。

慶應義塾の創設者でもあった福澤諭吉《ゆきち》に「一身独立して一国独立する」という言葉があります。独立できていない人間が他人から軽んぜられるように、国家も独立できていないと他国から侮られます。国民一人一人が学問をしてこそ、個人が甘えや依存心から脱却でき、国も独立した近代国家として認められるようになると福澤は考えていました。「独立国家をつくるには、国民の自立が必要です」。

孔子がはるか昔に説いたことと同じです。**世の中を変えたいなら、まず自分の行動を正すことが求められます。**他人任せでは何も変えられないのです。

original

己《おの》れを克《せ》めて礼に復《かえ》るを仁と為《な》す。一日己を克めて礼に復れば、天下仁に帰す。仁を為すこと己れに由《よ》る。而《しか》して人に由らんや。

（顔淵第十二）

5

同調か協調かで人間関係に大差がつく

——処世の心得

34

同調するか
協調するかで
人間関係に
大差がつく。

世間と折り合って生活する中で、私たちは自分の理想や信念を曲げたり、他人の不正を黙認したりすることが少なくありません。世に処する生き方がわからなくなった時、孔子のこんな言葉がヒントになると思います。

「君子は人と和《やわ》らぎ協調するが、やたらとつるんだりはしない。反対に、小人はよくつるむが、協調性はない」

また、孔子は、このようにも語っています。「君子は幅広く親交を持ち、一部の人となれあわない。小人は、狭い範囲でなれあって広く人と親しまない」（為政第二）と。

孔子は自分自身が生まれ育ちで苦労しているだけに、一部の人だけがおもねり合って徒党を組んだり、派閥をつくったりすることへの憤りが強かったのでしょう。

血筋や出身などを同じくする人だけを引き入れ、それ以外の人を排除すると、組織や国はうまくいきません。「外《そと》の人」は能力や志があっても採用されず、「身内」は甘やかされて堕落しがちだからです。

孔子は、出自に関係なく、やる気のある者はすべて弟子としました。人は血筋や出身などに関係なく、学問することで無限に成長できると信じていたのです。

身内同士でこぢんまりとまとまっているのは気持ちのいいものですが、真の成功には広く才能を求め、苦言を呈する人も迎え入れることが必要です。

original

君子は和して
同《どう》ぜず、
小人は
同じて和せず。
（子路第十三）

35

結果を求めよ。しかし結果に執着するな。

孔子は**道や仁・義・礼などを重んじる道徳的な生き方を教えますが、決して清貧や世捨て人的な生き方は推奨しません。**弟子には仕官を勧めていますし、地位やお金を求めることも否定していないのです。

ただし、地位やお金は、正しい方法で手にしてこそ意味があると考えていました。

こう説いています。

「富と貴い身分は、人の欲するものだ。しかし、正しい方法で得たものでなければ、そこに安住することはない。貧と賤《いや》しい身分は人の嫌がるものだ。しかし怠惰など貧賤に至るのが当然の道筋によるのではなく、偶発的な自分に非のない理由で貧賤に陥った場合はそれを受け止める」

original

富《とみ》と貴《たっと》きとは、是《こ》れ人の欲する所なり。其《そ》の道を以《もっ》てこれを得ざれば、処《お》らざるなり。貧しきと賤《いや》しきとは、是れ人の悪《にく》む所なり。其の道を以てこれを得ざれば、去らざるなり。

（里仁第四）

正しく生き、懸命に努力した結果として得たお金や地位に価値があるのです。貧乏や低い地位も、怠けた結果なら恥ずべきことですが、理想や信念を貫いた結果なら胸を張っていいのです。こうも語っています。

「粗末な飯を食べ、水を飲み、腕を枕にする。このような生活の中にも楽しみはあるものだ。義《ただ》しくないことをして金持ちになり、身分が高くなるようなことは、私にとっては浮き雲のようにはかないことだ」（述而第七）。

生き方さえ正しければ、結果には執着せず、現実を受け入れるのが孔子なのです。

36

恥ずかしくないかは、生き方を選ぶ時の黄金の問いかけ。

弟子の子思《しし》が恥とは何ですか、と質問した時、孔子はこう答えています。

「国家に道（道義）があれば、仕官して俸給を受けるのもいい。しかし、国家に道がなく、道義心のない政治で乱れているのに俸給を受け取るのは、恥だ」

また、こうも言っています。「天下が治まり正しい道が行われる時には仕官して道のために活動し、天下に道がない時には世の中から退いている。国に正しい道があり治まっているのに用いられず貧しく低い地位にいるのは恥だ。国に道がなく乱れているのに、金持ちで高い地位にいるのも恥である」（泰伯第八）。

孔子は隠者《いんじゃ》とは一線を画し、やるべき時には世に出てお金持ちになることを積極的に勧めています。**やるべき時に行動せず、やるべきでない時に出世やお金を目的に行動することがよくないのです。そして、両者は恥という価値観で区別されます。**

original

邦《くに》に道あれば穀《こく》す。
邦に道なきに
穀するは、恥なり。
（憲問第十四）

一九四六年に米国の文化人類学者ルース・ベネディクトが日本を分析して書いた『菊と刀』は、西欧が「罪の文化」なら、日本は「恥の文化」であると断じています。それは戦後のＧＨＱによる占領政策に影響を与えました。

確かに、「恥を知れ」「恥ずかしくないのか」という言葉には、日本人の姿勢を正す力があります。こうした文化には儒教が反映していると考えられます。**処世で迷った時、恥ずべきことか誇るべきことかという観点で検討するのもいい方法です。**

37

贅沢よりもケチになるほうがまだましだ。

清貧や隠者とは一線を画す一方で、**金儲けや地位を目的とした生き方を断固拒否するところに『論語』のバランス感覚があります。**

孔子はこう説いています。

「君子は食に貪欲《どんよく》でなく、住むところにもこだわらない。仕事を素早くこなし、余計なことを言わない。そして、道理をわきまえている人に学んで、自らを正す」

また、こうも言っています。

「ぜいたくにしていれば傲慢《ごうまん》になり、倹約していると上品でなくなる。両方とも中庸《ちゅうよう》を得ていないが、**傲慢で礼を無視するよりは、上品でない方がましだ**」（述而第七）。

確かに、贅沢を求める欲には限りがありません。成功して大金や地位を手にするにつれ、当初の理想や清廉さを忘れ、我欲のかたまりになっていく人は、昔も今も、枚挙にいとまがないほどです。

グーグル創業者ラリー・ペイジが、こんなことを言っています。「この会社を始めたのは、当時の検索技術に満足していなかったからだ。僕たちが経済的に成功しているというなら、その成功は、本来の目標とはかけ離れたところで生まれた、素晴らしい副産物に過ぎない」。

ペイジは大学院生時代に友人のサーゲイ・ブリンと起業し、世界有数の資産家となりました。その彼が、目標はお金ではないという初心を語った言葉です。

original

君子は食飽《しょくあ》かんことを求むること無く、
居《きょ》安からんことを求むること無し。
事に敏《びん》にして言《げん》に慎み、
有道《ゆうどう》に就《つ》きて正す。
（学而第一）

38

損得よりも正しいかどうかで生き方を選ぼう。

世間をうまく渡るにはお金が不可欠ですが、**孔子は、金銭欲にとらわれると正しい生き方が阻害されると考えていました。**

こう説いています。

「君子は物事の筋である義がわかっている。小人は損得がわかっている」

正しく生きた結果としてお金が得られるのは、いいことです。しかし、**「得か損か」「儲かるか儲からないか」という観点だけで物事を判断するのは望ましくありません。**正義や徳望が置き去りにされがちだからです。

かつて「世の中の九九%のものはお金で買える」と豪語した起業家がいました。そこには、「いくら稼いだかが人間の値打ちを決める」という強烈な価値観がありました。この価値観は正しいのでしょうか。

「世界一の投資家」「賢人」といわれ、世界有数の富豪でもあるウォーレン・バフェットは、正しくないと考えているようです。

こう断じています。「どれほどお金を持っているか、去年どれほど稼いだかということを尺度にして人生を歩んでいくなら、遅かれ早かれ厄介《やっかい》な問題に巻き込まれるでしょう」と。

バフェットは、お金を稼ぐこと自体を否定しているわけではありません。しかし、金儲けが唯一の目的となる生き方は強く否定していました。バフェットは、こうも言っています。「大事なのは、自分が好きなことをとびきり上手にやることです。お金はその副産物にすぎません」。

original

君子は義に喩《さと》り、
小人は利に喩る。
（里仁第四）

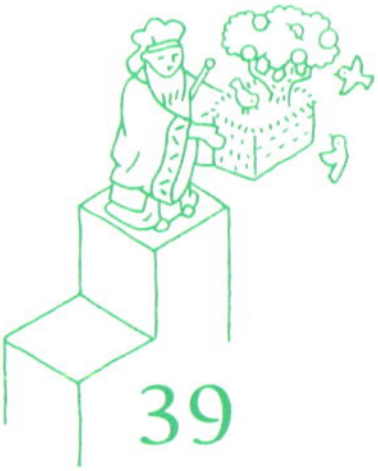

39

一番転びにくい
歩き方は
真っ直ぐ
歩くことだ。

世間には、手段を問わない悪知恵で大金を手にする人がいます。それを見て「自分もうまく立ち回ろう」と不正に走る人もいます。しかし、そういう人の栄華が長く続くことはまずありません。孔子はこう断じています。

「人が生きていくには、人としてのよい本性が曲げられないまっすぐさが大切だ。このまっすぐさをなくして生きているとするなら、それはたまたま助かっているだけだ」

「最後の相場師」と呼ばれた是川銀蔵《これかわぎんぞう》氏は戦前、中国で会社を設立、軍の御用商人として大金を手にします。しかし、その手法は賄賂《わいろ》を用いたり、相手を接待漬けにしたりするものでした。そんなある日、ある人に「お前の頭を正直に使え、決して邪道を歩むな」と諭されます。それが是川氏の転機になりました。「恨まれる商売はすまい」と誓い、「株式投資なら相手は不特定多数だし、失敗しても自分の責任だ。いくら儲けようと誰にも恨まれない」と考えて投資を生業にし、結果的に富豪になれたのでした。

邪道による金儲けには危うさがつきまといます。人に恨まれますし、拝金的な人間に囲まれて、情愛が薄く社会貢献度の低いギスギスした人生になりがちです。

お金儲けにも人生にも奇手妙手はありません。トヨタ中興の祖・石田退三《たいぞう》氏が語ったように「当たり前のことを当たり前にやる。それもとことんやる」生き方こそが、長く成功する唯一の王道です。

original

人の生くるは直《なお》し。
これを罔《し》いて生くるは、幸《さいわい》にして免《まぬが》るるなり。
（雍也第六）

40

利益のために
自尊心を
犠牲にしては
いけないね。

孔子は、お金儲けに関して、こんな言葉を残しています。

「富は本来、天の計らいであり、求めてもいたし方ないものだ。もし人の力で求められるものなら、王が出入りする時の露払いのようなとるに足らない役人仕事でもしよう。しかし、人が求めることのできないものならば、私は好きな道を進もう」

孔子はお金儲けを否定していません。実際、子貢はビジネスの才能に恵まれ、史書『貨殖列伝《かしょくれつでん》』に取り上げられるほどの財産を築き、失意の生活を送っていた孔子を支えました。孔子は、そんな子貢の才能に感嘆しています。

つまり、孔子は、何かをなすために必要なら、下働きでも懸命にやってみせる、と言っているのです。

しかし、それは何かをなすためのお金であって、**単に金持ちになるためだけの金儲けは断固として否定しています。**

こうも説いているのです。「自分の利益ばかり考えて行動していると、怨《うら》まれることが多い」（里仁第四）。

original

富《とみ》にして求むべくんば、執鞭《しつべん》の士と雖《いえ》ども、吾《わ》れ亦《ま》たこれを為《な》さん。如《も》し求むべからずんば、吾が好む所に従わん。

（述而第七）

「お金が目当てで会社を始めて、成功させた人は見たことがない」とは、スティーブ・ジョブズの言葉です。何をするにもお金は必要ですし、大事を成すには大金が不可欠です。大切なのは、お金は手段であり、目的にはならないことを心に刻むことでしょう。

41

してほしいことを
人にするよりも、
してほしくない
ことを人にしない。

子貢が「ただ一つの言葉だけで一生行なう価値のあるものはありますか」と孔子に尋ねました。いわば座右の銘についての質問です。孔子はこう答えました。

「それは恕《じょ》だね。思いやりということだ。自分がされたくないことは、人にもしないように」

欧米的な思考では、これは「自分がしてもらいたいことを、人にしてあげなさい」となるでしょう。それも悪くないのですが、時に、やさしさの押しつけやありがた迷惑になる難点があります。それに対して孔子の考え方には懐《ふところ》の深さが感じられます。

処世の九九%は人間関係です。

「信頼できるのか」「気が合うか」「敵か味方か」「利害関係は？」などと複雑になっていく**人間関係の中で、唯一ブレない方針があるとしたら、それは「思いやり」というのが孔子の答えだったのです。**

ある私立中学校の理事長が、いじめを「自分がされて嫌なことを誰かにしたら、それがいじめ」だと明快に定義していました。

いじめや各種のハラスメント（嫌がらせ）で、加害者が、「そんなつもりはなかった」「不快な思いをさせたとしたらお詫びする」と言うことがよくあります。しかし、そんなふうに判断を相対化せず、「自分がされて嫌なこと」という絶対的なラインを決めようというのが、この理事長の提案であり、それは孔子の考え方でもありました。

original

其《そ》れ恕《じょ》か。
己《おの》れの欲せざる所、
人に施すこと
勿《な》かれ。
（衛霊公第十五）

42

礼儀正しさは 一流人への ファーストステップ。

世渡りとか処世というと、世俗に流される感じがします。しかし、**形と心の両方を整えれば、世間に処しつつ自分を貫くことが可能になるのではないでしょうか。**

「郷党第十」は孔子による礼儀作法の実践記録ともいえますが、そこにこんな一節があります。

「他国にいる友人に使いを出す場合は、その使者を再拝してから送り出された」

「拝」とは、両手を腕の前で組み、そこまで頭を下げる敬礼をさします。それを二度くり返すのですから、使者への感謝と「友人によろしく伝えてほしい」という強い思いが感じられます。思いは相手に伝わるものです。

お辞儀の丁寧さに関するエピソードが多いのが、松下幸之助氏です。ある人は、松下氏と初めて会った時、非常に丁重なお辞儀をしたつもりが、頭を上げようとすると目の前には深々と頭を下げ続けている松下氏がいて上げられず「無限に続くのでは」と冷や汗をかくほどだったといいます。

松下氏はまた、来客が帰る際には必ず自ら玄関に出て見送りました。

相手が車で帰る場合には車が見えなくなるまで、ずっと頭を下げるのが常だったというのもよく知られた話です。

「経営の神様」と呼ばれた松下氏にこれほどの扱いを受ければ、誰しも感動します。松下氏の真心のこもったお辞儀は、心と形が合一したものであり、最高の意味での処世術でもあったのでしょう。

original

人を他邦《たほう》に問えば、再拝してこれを送る。

（郷党第十）

6

努力してこそ才能の有無に気づける

——努力の心得

43

努力してこそ才能のあるなしに気づける。

孔子は人間の可能性を深く信じる卓越した教師でした。こう語っています。

「教育は人を選ばない（どんな種類の人間も教育によって向上する）」

また、こうも言っています。「人は生まれた時には互いに似ていて近い。しかし、学びの有無によって善にも悪にもなり、互いに遠くへだたる」（陽貨第十七）。

父親が六十歳すぎの武人、母親は身分の低い巫女という孔子の出自は、政治を志すには不遇といっていいでしょう。その父親も早くに亡くなり、母子は相当の苦労をしたはずです。にもかかわらず、**生まれなど問題ではなく、人は勉学や努力によって何者にでもなれると、孔子は断言します。**

original

教えありて類なし。

（衛霊公第十五）

「五代さかのぼれば六十四人の祖先がいて、賢い人を見つけられる」とは、アルフレッド・アドラーの言葉です。

人は才能とか遺伝を人生の決定要因にしたがります。しかし、実は誰でも賢い祖先を持っているのです。アドラーは、才能や遺伝はできないことの言い訳にすぎず、人は物理的に無理なこと以外、多くのことは努力や訓練によってできると考えていました。

孔子は「人は学びによって変化するものだ。ただし、とび抜けて賢い者と、極端に愚かな者は、変わらない」（陽貨第十七）とも言っています。

ごくわずかの天才と、努力を放棄する怠け者以外は、訓練によって可能性を開けるのです。

44

「頭がいい」は
「学ぶのがうまい」と
同義語だ。

孔子は、**学べば誰でも成長できると信じる一方で、学ぼうとしない者には厳しい目を向けていました。**こう話しています。

「生まれつきわかっている者が最上である。学ぶことによって理解する者は、その次だ。行き詰まって学ぶ者がその次であり、行き詰まっても学ばないのが最低だ」

生まれつきわかっている者とは、ごくわずかの天才のことでしょう。だとすれば、ほとんどの人は学んで知るわけです。

最初から志を立てて学ぶ者と、追い詰められて学び始める者との差はあるものの、学べば誰でも成長できます。**困るのは、最初から学ぶ気がなく、追い詰められても学ぼうとしない者です。**学びを放棄するのは人としての成長を放棄するのと同じだと、孔子は考えていたのでしょう。

「愚者は経験に学び、賢者は歴史に学ぶ」という初代ドイツ帝国宰相ビスマルクの言葉は、実際には「愚者は自分の経験に学ぶという。私はむしろ他人の経験に学ぶのを好む」という意味だといわれます。

original

生まれながらにしてこれを知る者は上《かみ》なり。学びてこれを知る者は次ぎなり。困《くるし》みてこれを学ぶは又《ま》た其《そ》の次ぎなり。困みて学ばざる、民斯《こ》れを下《しも》と為《な》す。

（季氏第十六）

「自分らしくありたい」「自分は自分」という言葉を隠れ蓑《みの》に、他人の経験に学ぼうとしない人がいますが、それでは「最も下等」になる恐れがあります。いくら自分らしく生きても、成長も成功もできない人生では不満が残るのではないでしょうか。

45

何を知らないかを
知ることが、
知るということだよ。

孔子の弟子の中で『論語』に最も多く登場するのは子路です。子路は実直で勇猛ですが、やや軽率で、孔子は何かにつけ教え導こうとしていました。ある時は「お前に『知っている』とはどういうことかを教えよう」と、こう言っています。

「はっきりわかっていることだけを『知っている』こととし、よく知らないことは『知らない』こととする。このように『知っていること』と『知らないこと』の間に明確な境界線を引ければ、本当に『知っている』と言える」

学問が少し進むと、人は何でも知っている気になりますが、それでは学びが止まってしまいます。**知らないことは知らないと知ることで、人は成長し続けられるのです。**

実際、孔子は衛の君主・霊公《れいこう》から軍隊の陣形のことを尋ねられた時、「祭器の並べ方なら前から知っておりますが、兵隊の並べ方については学んだことがありません」（衛霊公第十五）と答え、翌日、衛を去っています。

孔子より百年近く後に生まれたギリシアの哲学者ソクラテスの「無知の知」も同様でしょう。彼は、知者たちと自分とでは、知識では大差ないが、知者たちが「自分には知らないことはない」と思っており、自分は「自分は知らないことがあることを知っている」点が違うと知っていました。**そういう無知を自覚する「無知の知」が、真の知を探求する力となるのです。**

original

これを知るを
これを知ると為し、
知らざるを
知らずと為せ。
是れ知るなり。
（為政第二）

46

学問は
あらゆる言動の
バックボーンである。

孔子が子路に「**六言の美徳（仁・知・信・直・勇・剛）**と六つの害について、聞いたことがあるか」と尋ねました。子路が起立して「ありません」と答えると、孔子は「まあ、おすわり」と言い、こう説明しました。

「**仁**を好んでも学問をなさないと、その害として愚かになる。**知**を好んでも学問を好まないと、害として理屈ばかりが先行してとりとめがなくなる。**信**を好んでも学問を好まないと、つまらないことに対して、誠実すぎたり盲信したりして人や自分を傷つける。**直**を好んでも学問を好まないと、人に厳しくなりすぎて情が足りなくなる」「**勇**を好んでも学問を好まないと、乱暴になったり秩序を乱したりする。**剛**（決心が堅いこと）を好んでも学問を好まないと、まわりを見ずに性急に目標を達成しようとする独善に陥る（勇を好みて学を好まざれば、其の蔽や乱。剛を好みて学を好まざれば、其の蔽や狂）」

子路は勇猛で実直ですが、学ぶ姿勢に不足があったのかもしれません。そこで「六徳はもちろんすばらしいものではあるが、**害を避けるためには、学問をして磨きをかける必要がある**」と教え諭したのでしょう。

たとえば勇気とは何かを知ることで、人は蛮勇を振るわない真の勇者になれるのです。

original

仁を好みて学を好まざれば、其《そ》の蔽《へい》や愚。知を好みて学を好まざれば、其の蔽や蕩《とう》。信を好みて学を好まざれば、其の蔽や賊。直を好みて学を好まざれば、其の蔽や絞《こう》。……。

（陽貨第十七）

47

能力は意欲と正比例する。

人間は学ぶことによって無限に成長できると信じていた孔子は、教えを請う者には誰にでも教えていました。「人に教えを求める時の手みやげとして最も軽いのは乾肉《ほしにく》十本だが、それを持ってきたならば、つまり最低限の礼を踏まえた者ならば、私は教えなかったことは未だかつてない」（述而第七）と言っています。孔子は、礼をもって教えを求めた門人には、すべて教えてきたのです。授業料の多少や身分などで区別することはありませんでした。

ただし、それは学びたいという気持ちのある者に対してです。自ら求めない者は教えてもしょうがないと、こう突き放しています。

original

憤《ふん》せずんば啓《けい》せず。
悱《ひ》せずんば発せず。
一隅《いちぐう》を挙げて
これに示し、
三隅を以《もっ》て
反《か》えらざれば、
則《すなわ》ち復《ま》たせざるなり。
（述而第七）

「わかりたいのにわからず身もだえしているようでなければ、指導はしない。言いたくてもうまく言えずもごもごしているのでなければ、はっきり言えるように指導はしない。四隅のあるものの一隅を示したら、他の三隅を推測してわかるようでなければ、もう一度教えることはしない」

教えを受けるには、学ぶ気構えや素地が必要であり、それがない人に教えてもムダなのです。学びたい人に教えたほうが、はるかに大きな実りが得られます。学びたい人は好奇心も旺盛で、吸収・実践する意欲に燃えているからです。**彼らの意欲は、教える側にとっても最高の報酬です。**

48

凡人からも学べると学びの幅が広くなる。

孔子は教育家であると同時に、誰からも常に学べる偉人でもありました。

私たちは賢人や有能な人からは多くを学べても、愚人や無能な人には学べないと思いがちですが、そうではありません。彼らを反面教師にできてこそ、学びは広くなるのです。出会いにムダはないのです。孔子は、こう語っています。

「私は三人で行動したら、必ずそこに自分の師を見つける。他の二人のうち一人が善い者でもう一人が悪い者だとすると、善い者からはその善いところをならい、悪い者についてはその悪いところが自分にはないか反省して修正する」

孔子は、こうも言っています。

「賢明な人を見れば同じになろうと思い、賢明でない人を見れば、自分もそうではなかろうかと省《かえり》みることだ」（里仁第四）

original

我れ三人行えば必ず我が師を得《う》。其《そ》の善《よ》き者を択《えら》びてこれに従う。其の善からざる者にしてこれを改む。

（述而第七）

孔子の言う「人」を「経験」と置き換えれば理解が容易です。**よい体験や成功体験から多くを学びますし、悪い体験や失敗体験からは、さらに多くのことを学ぶものです。**平凡な体験が、後で意外な役に立つこともしばしばです。

実は「人」も同じです。

「我《われ》以外皆我《わが》師」とは作家・吉川英治《えいじ》氏の言葉です。吉川氏も、すべての人と経験から学んで成長するすべを知っていたのです。だから『宮本武蔵』など数々の小説で親しまれ、国民的文学作家と呼ばれるようになったのでしょう。

49

世間の扉を開くには一言を唱えればいい。「教えてください」だ。

世の中には、目上の人や権威者には質問しても、目下の人や凡人に質問するのは嫌がる人間がいます。「沽券《こけん》にかかわる」「プライドが傷つく」と思うのでしょう。

子貢が孔子に「衛の国の大夫だった孔文子《こうぶんし》はどうして、死後、文という立派なおくり名をおくられたのですか」と質問したところ、孔子がこう答えました。

「生来利発な上に学問を好み、目下の者に質問することも恥じなかった。文は、学問に励み、問うことを好むとされている。だから孔文子は、文をおくり名とされるにふさわしいのだ」

孔文子は、日頃は不行跡だったようですが、学問に関しては誰にでも学ぶ謙虚さを持っていたために文とおくり名されたのでした。

original

敏《びん》にして学を好み、
下問《かもん》を恥じず、
是《ここ》を以《もっ》てこれを
文と謂《い》うなり。
（公冶長第五）

もちろん**孔子は、誰にもまして、あらゆる人から学んでいました。**その姿勢を、子貢はこう語っています。「先生は誰にでも、どこででも学ばれました。ですから、決まった一人の師の弟子となって学んだというわけではありません」（子張第十九）。

イチロー選手が米国大リーグに入った時、最も驚いたことの一つが、スーパースターたちが「あの球の打ち方を教えろよ」と質問してくることでした。イチロー選手は日本では圧倒的な成績を残しましたが、大リーガーでは新人に過ぎません。そんな人間に気軽に質問をする貪欲さ、素直さが、スーパースターの凄さだったのです。

50

友を選ぶ基準は正直・誠心・もの知り。

「朱に交われば赤くなる」という通り、**人は友人次第で違った人生を送ることになります。**良友に恵まれて不幸になる人、悪友の中で清廉潔白を貫ける人は少数です。

友人は選ばなければなりません。たとえばジェフ・ベゾスは「人生は短いから、つまらない人とつき合う暇なんてない」と言い、結婚相手から部下に至るまで、選びに選び抜いています。ベゾスはプリンストン大学卒のエリートでしたから、「つまらない人」の色分けはシンプルだったかもしれません。では、私たち凡人は、どんな基準で友人を選べばいいのでしょうか。

孔子はこう言っています。

「内から出たまごころである忠と、嘘をつかない信を、生き方の中心にし、自分より劣った者を友人にはしないように」

確かにその通りですが、劣った者を友にしないのであれば、友の多くを自分よりすぐれた者から選ぶことになり、難しそうにも感じます。

しかし、孔子のいう優劣は、能力・学問だけをさすのではありません。孔子は、**有益な友が三種、有害な友が三種いる**と考えていました。

有益な友は「人間のまっすぐな直《ちょく》なる者、誠実な者、知識のある多聞《たぶん》の者」です。有害な友は「まっすぐものを言わないで追従する者、表裏があって誠実でない者、口ばかりうまい者」です（季氏第十六）。こうした基準で**「劣った者を選ばない」ことを孔子は心がけていたのです。**

original

忠信を主とし、
己《おの》れに
如《し》かざる者を
友とすること
無《な》かれ。

（子罕第九）

51

成功よりも成長を目的にしよう。

何をやるにも、「コスパのよしあし」「役に立つのか」「元は取れるのか」といった損得勘定をする人がいます。

それも悪くはないでしょうが、**やるのは「楽しいから」「好きだから」「夢中になれるから」のほうが自分が成長し、人生も充実するように思います。**

損得勘定派は「成長するといいことがあるのか」と聞きたくなるかもしれませんが、答えは「ノー」です。**目的はお金や名誉ではなく、成長なのです。**このような価値観の差は昔からあったようで、孔子もこう言っています。

「昔の学問をする人は、自分の修養のためにしたが、今の時代の学問をする人は、人に知られたいためにする」

つまり、紀元前五百年頃の人の学びは、それより昔の人の学びと、すでに違ったものになっていたのです。自らを向上させるためというよりは、立身出世したり、世間の賞讃を浴びるといった「目的ありき」の学びになってしまったと、孔子は苦言を呈しているのです。

私たちが学校で経験した学びの多くも、受験という目的がありました。受験勉強の厳しさに耐える経験はできても、学問の面白さに気づくことは少なかったのではないでしょうか。

いつまでも受験戦争の悪夢にうなされず、「夢をふくらませるため」「一流人になるため」に勉強を再開していいと思います。

original

古《いにしえ》の学者は
己《おの》れの為《た》めにし、
今の学者は
人の為めにす。
（憲問第十四）

7

平伏させずに心服させよう

——組織運営の心得

52

平伏させれば
人は反抗する。
心服させれば
人は正しく行動する。

世の中には、多くの人がおかしいと思っているのに「法律上は問題ない」とされる事案があります。違法ではないものの、抜け穴をかいくぐっただけの事案がまかり通ると、法律は何のためにあるのかという一種の諦めを感じるものです。

中国に初めて成文法を定め、法治主義を導入したのは孔子と同時代の鄭《てい》の宰相・子産《しさん》といわれます。孔子は子産の業績は高く評価しながら、法治主義には懐疑的だったようです。孔子は、目ざす理想の国家像を、こう語っています。

「民を導くのに法令を使い、刑罰で統制しようとするなら、民は法をうまくすり抜けて恥じなくなる。しかし、徳で導き、礼で統制するなら、民は恥を知り、正しい行いをするようになる」

現代中国の人々も「上に政策あれば下に対策あり」といって、法の裏をかくことに躍起《やっき》です。法律は、犯罪者とのいたちごっこで厳密になりすぎ、結果として社会を濁らせる恐れがあるのです。

original

これを道《みち》びくに政《せい》を以《もっ》てし、これを斉《ととの》うるに刑を以てすれば、民免《まぬが》れて恥ずること無し。これを道びくに徳を以てし、これを斉うるに礼を以てすれば、恥《はじ》ありて且《か》つ格《ただ》し。

（為政第二）

孔子が目ざしたのは道徳が社会に行き渡り、人々が慣習法的なゆるい社会規範の中でのびのびと正しく生きる社会でした。

それを「バカな夢物語だ」と切り捨てるか、実現すべき遠大な理想だと考えるかは、現代の組織や政治を考える上でも大きな問題だといえます。

53

いい評判は
どんな遠くの人も
引き寄せる。

政治は人々の信頼・安心を保証し、いい評判が立つようになることが大切だと、孔子は考えていました。楚の葉県の宰・葉公《しょうこう》から政治のことを尋ねられ、こう答えています。

「近くにいる民はよろこび、遠方の民は慕ってやってくるということです」

多くの市町村が人口減少に苦しむ中、移住者が増え、子供が増えているところがあります。そんな市町村には、たいてい「子育てをしやすい」「よそから来た人にやさしい」といった評判があるものです。人気取りの施策などはすぐに見破られます。よい評判が定着した場所に、人々は集まるのです。

政治とは、暮らす人々が喜ぶようにすることであり、政治がよければその場所は自然に繁栄するといえます。

トヨタが米国ケンタッキー工場で生産を開始した一九八〇年代のことです。日米貿易摩擦の影響もあり、当時はまだ、米国民の日本に対する信頼は不確かでした。日本の自動車会社で働くことに抵抗感を持ったり、すぐに首を切られると思われたりしていて、社員の多くは遠くの自宅から車で通っていました。

しかし、粘り強い努力により、徐々に「トヨタは人を大切にする。大丈夫だ」と信頼されるに至ります。それにつれて人々は工場の近くに家を建て、転居するようになったのです。街のそんな変化をを見て工場の責任者は「やっと地域に溶け込んだ」と実感したそうです。

original

近き者説《よろこ》び
遠き者来たる。
（子路第十三）

54

信頼は食料よりも必須である。

政治における最重要課題とは何かについて語った孔子の有名な言葉です。

子貢が政治を行う者の心得について尋ねると、孔子は三つの重要課題を挙げました。「民の食（生活）を十分にし、兵（軍備）を整え、民の信を得るようにすることだ」

それに対して子貢が、三つの中でやむを得ずあきらめなければならないとするとどれですかと尋ねると、孔子は軍備を挙げました。子貢がなおも、二つの中でやむを得ずあきらめなければならないとするとどちらですかと尋ねると、孔子は食料を挙げ、「昔から誰にも死はある」と言いました。そしてこう語りました。

「もし民に為政者に対する信がなければ立ちゆかない」

original

民は
信なくんば立たず。
（顔淵第十二）

「信」には、「政治を信頼させること」「人民が信じ合うように教育すること」といった解釈がありますが、大切なのは、信は政治だけでなく、あらゆる組織に必要だということでしょう。

人は権限や権力だけでは、一度や二度は言うことを聞いても、長く従うことはありません。

高い報酬を与えれば動きますが、「金の切れ目が縁の切れ目」となるのは目に見えています。

組織を支え、人を動かすのは、ひとえに信頼関係です。信頼がなければ、どんな言葉も心に届きません。信頼がなければ、一人を動かすにも膨大な規則、会議、報酬が必要になり、コストがかさみます。「信なくんば立たず」は現代にも当てはまる組織原則です。

55

信頼は人から人に
手渡されながら
強い絆になっていく。

私たちは自分の国や組織の欠点をよくするにはどうすればいい？　としばしば考えます。しかし、国や組織は無数の人間のつながりの中にあり、ことは一筋縄ではいきません。

孔子は道徳を広めることで世の中をよくできると信じていましたが、もちろん「道徳さえ導入すればいい」と単純に考えていたわけではなく、肝心なのは人間の努力だと、こう説いています。

「人が道を弘《ひろ》めるのであって、道が人を弘めるのではない」

道徳を実現できるのは、あくまで人間です。抽象的な何かが人間を向上させてくれるわけではありません。たとえば道徳教育を強化し、法律を厳格化してみても、変化は一時的です。すぐに反作用やひずみが出てくるでしょう。

私たち一人一人が、自らの行動の正と不正を意識することが不可欠です。**制度ではなく、人間が世の中を変えていくのです。**

企業も同様です。解決すべき課題や改善点が無数にあります。それらを一気に解決する万能薬はありません。流行している経営手法や権威ある管理システムを持ち込んでも、解決できるのはごく一部です。

original

人能《よ》く道を弘《ひろ》む。
道、人を弘むるに
非《あら》ず。
（衛霊公第十五）

企業には風土があり、働く人には事情があります。一人一人が風土や事情に合わせて改善の知恵を出すことが決め手になります。手法やシステムも、人間が改善することで力を発揮できるのです。

56

訴訟をさばくより訴訟のない社会を考えてみないか。

「そんなの理想論だよ」とにべもなく切り捨てる言い方がありますが、理想と現実は、それほど対立するものでしょうか。

孔子は、現実がどうあれ、諦めることなく理想を追い続けることが大切だと考えていました。

たとえば「ほんの一言を聞いただけで訴訟の判断ができるとしたら、それは子路だね」（顔淵第十二）と子路の果敢さを評価する一方で、自らについてこう語っています。

「訴訟を処理する能力においては、私もほかの人間と同じだ。しいて違いをいうなら、私は民を安心させ訴えをなくさせるよう努力する」

訴訟の解決も重要ですが、道を広め、訴訟がなくなるようにすることはもっと重要です。孔子は、道を広めることこそが自分の役目だという志を持っていたのです。

original

訟《うった》えを聴くは、
吾《わ》れ猶《な》お
人のごときなり。
必ずや訟え
無《な》からしめんか。
（顔淵第十二）

確かに理想の実現は遠い道のりですが、**みんなが理想を共有して努力すれば、やがては理想に近いところまで到達できます。**

トヨタ式の基礎を築いた大野耐一《たいいち》氏に「止めたくても止まらないラインをつくれ」という言葉があります。生産ラインで不具合が発生したら、すぐにラインを止めて原因を調べて改善すれば、いずれは一切の不具合が起きない理想のラインができるということです。

当初は理想論だと一蹴されることもありましたが、多くの人が一歩一歩理想に向かって改善を積み重ねることで、トヨタは日本を代表する世界企業になったのです。

57

焦ると誤り、
急ぐとつまずく。
解決策は
時間をかけること。

理想を掲げて改革の意欲に燃えるリーダーが陥りがちな弊害があります。早く成果を上げようと焦るあまり、過去を全否定しがちなことです。確かに過去の怠慢や過失がダメな今を招いたわけですが、一方で過去にも改革やがんばりがあり、だからこそギリギリなんとかなっているともいえます。それを全否定されたら、誰しも面白くないでしょう。

弟子の子夏《しか》が魯の町の長官になって政治の道を質問したところ、孔子はこう答えています。

「早く成果をあげたいと思うな。眼の前の小さな利益を見るな。成果を急げば達成しない、小利に気を取られれば大事は成し遂げられない」

original

速《すみや》かならんと欲すること毋《な》かれ。小利を見ること毋かれ。速かならんと欲すれば則《すなわ》ち達せず。小利を見れば則ち大事成らず。

（子路第十三）

経営危機に陥った企業に親会社から再建を託されて送り込まれたある新社長は、就任から一年間、あえて改革に手をつけませんでした。社員一人一人の動きをじっくり観察し、誰を登用し、どの部署の何を変えるべきかを見きわめたのです。そして一気に改革に着手、みごとに再建を果たしました。

焦ると見誤り、急ぐとつまずき、あおり立てると失策が増えます。時間をかけてじっくりと観察することが大切です。あおらずに熟考してこそ改革は成功します。

もちろん、周囲からは「早くやれよ」という声が集中するでしょう。それに耐えて自分のペースを保つのも改革者の役割です。

58

今も昔も
口コミで人は動く。

あらゆる国や組織は優秀な人材を求めます。しかし、優秀な人材はそうゴロゴロいるわけではなく、人材競争は熾烈《しれつ》です。そこで**孔子が人材集めのポイントにしたのが、口《くち》コミでした。**

弟子の仲弓《ちゅうきゅう》が魯の重臣・季氏の家臣の長となった時、政治について尋ねたところ、孔子はこう答えました。

「まず役人たちに担当の仕事をしっかりさせるのが第一だ。そして、彼らの小さな失敗は許し、その中から優秀な者を抜擢するように」

優秀な人材は意欲的で挑戦的なだけに失敗もあります。寛容でなければ人材は離れていくでしょう。孔子は「小さいなことでむきになるようでは、大事を成し遂げられない」（衛霊公第十五）とも言って、寛容を強調しています。

仲弓が重ねて「どのようにすれば優秀な者を見つけ抜擢できるでしょうか」と質問すると、孔子はこう続けています。「おまえがこれぞと思った人物を抜擢すればいい。おまえが見出せない才能のある人物は、他の人がきっと推薦してくれるだろう」（子路第十三）。

「あの国は小さな過ちに寛容で、才能ある者を引き立てている」という評判が立てば、その噂を聞いて、優秀な人が集まってくるというのが孔子の助言でした。

現在のようにインターネットやSNSが発達しても、私たちは口コミを重視します。孔子は口コミの価値をよく知っていたのです。

original

有司《ゆうし》を先きにし、
小過《しょうか》を赦《ゆる》し、
賢才を挙げよ。
（子路第十三）

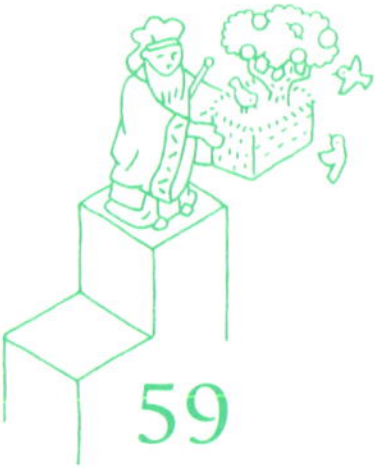

59

組織を
ダメにするのは簡単。
異論を封じればいい。

定公が孔子に「一言で国を盛んにできる言葉はあるか」と質問したところ、孔子は「言葉にはそこまでの力はございませんが」と断ったうえで、近いものとして「君であることは難しい、臣であるのも易しくない」という言葉を紹介しています（01項参照）。定公が重ねて「一言で国を滅ぼすような言葉があるか」と尋ねると、孔子は同様に断ったうえで、こう話しています。

「『君主であるのは楽しくないが、自分の言うことに誰も逆らわないのは面白い』という言葉があります。君主の言葉が善いものなら、逆らう者がいなくても結構でしょうが、もしそれが善くないものであるのに、臣民が逆らわず従うだけなら、そのような国はやがて滅びるでしょう。その意味では、国を国を滅ぼす一言に近いのではないでしょうか（如《も》し不善にしてこれに違《たが》うこと莫《な》くんば、一言にして邦《くに》を喪ぼすに幾《ちか》からずや）」

original

人の言《げん》に曰《い》わく、予《わ》れは君たることを楽しむこと無《な》し。唯《た》だ其《そ》の言にして予れに違《たが》うこと莫《な》きを楽しむなりと。如《も》し其れ善にしてこれに違うこと莫くんば、亦《ま》た善からずや。……

（子路第十三）

たとえばワンマンが率いる組織では異論が噴出することはなく、みんなが一丸となって真っすぐ進みます。そのため短期間で大きな成果を得られます。しかし、ひとたびワンマンが判断を誤ると悲惨です。**「イエス」に慣れ切った人々は自分で考える力を持たず、組織の暴走を誰も止められないからです。**

異論や異見があってこそ、組織は健全に進めます。

60

いい人生のコツは価値観が同じ人と生きることだ。

「同《どう》床異夢《しょういむ》」という言葉があります。同じ寝床に枕を並べて眠りながら、それぞれ違った夢を見ることです。そこから転じて、たとえば同じプロジェクトに取り組んでいるにもかかわらず、メンバー間で思惑や方法論が異なっていることをさします。その差異があまりに大きいとチームはばらばらになり、プロジェクトは頓挫することになります。

孔子はこう説いています。

「進む道が同じでないならば、話し合ってもしかたがない」

つまり、事をはかるのであれば、道を同じくする者とするのがよいわけです。

original

道同じからざれば、
相い為めに謀《はか》らず。
（衛霊公第十五）

さらに孔子は、口先だけの同志とは共に歩めないと断じ、こう説いています。「道を目ざし、学問をする身でありながら、着るものや食べるものが貧しいことを恥じる者とは、共に語り合うことはできない」（里仁第四）。

口では立派なことを言いながら行動は違う人は信用できません。ましてや孔子にとっての君子は「道のことを心配するが、貧しいことは心配しない」（衛霊公第十五）人物でした。報酬や栄誉にとらわれずに道を求める人が本当の同志といえるのです。

何に取り組むにしても、**結果を出すためには、メンバーみんなが同じ夢を見ることが大切です。**ビジョンの共有がチームワークを育て、苦難を乗り越える力となっていきます。

8

人生に「もう遅い」「まだ早い」はない

——生涯成長の心得

61

人生に「もう遅い」「まだ早い」はない。

人生百年といわれる現代から二千五百年も前に、孔子は各年代の生き方をこう説いています。

「私は十五歳で学問に志し、三十にして独り立ちした。四十になって迷わなくなり、五十にして天命を知った。六十になり人の言葉を素直に聞けるようになり、七十になって思ったことを自由にやっても道を外すことはなくなった」

孔子が自分の人生を振り返った言葉だとも、あるいは若い弟子たちのために示した人生の指針だともいわれていますが、恐らくはその両方を含んでいるのでしょう。十五歳を志学《しがく》、三十歳を而立《じりつ》、四十歳を不惑《ふわく》、五十歳を知命《ちめい》、六十歳を耳順《じじゅん》、七十歳を従心《じゅうしん》とも呼ぶのは、『論語』に由来しているのです。

年代による生き方は人さまざまです。たとえばマイクロソフトのビル・ゲイツやフェイスブックのマーク・ザッカーバーグ、デルのマイケル・デルなどは十九歳で起業しています。

一方で、七十代まで絵は未経験だった画家グランマ・モーゼスや、幾多の経験を経て五十代で大成功した日清食品創業者・安藤百福《ももふく》氏のような人もいます。

人生に「まだ早い」「もう遅い」はないのです。孔子の言葉を胸に、**年齢に応じた「かくありたい」を実現しようと生きることが人生を充実させます。**

original

吾《わ》れ十有《ゆう》五にして学を
志《こころざ》す。三十にして立つ。
四十にして惑《まど》わず。
五十にして天命《てんめい》を知る。
六十にして耳順《みみした》がう。
七十にして心の欲する
所に従って、
矩《のり》を踰《こ》えず。

（為政第二）

62

一日に三度自分を反省しなさい。

「私は毎日、三つのことについて反省する。人のために誠心誠意考えてあげられたか。友人とのつきあいで信（言葉と行ないが一致すること）であったか。しっかり身についていないことを、受け売りで人に教えたのではないか、と」

この言葉は孔子ではなく、弟子の曾子《そうし》の言として伝わっています。

曾子は儒教黎明《れいめい》期の重要人物の一人です。孔子の孫・子思《しし》が曾子に師事し、子思から曾子の教えが孟子《もうし》に伝わったことで、後世、南《なん》宋《そう》の朱熹《しゅき》によって再構築された儒教である朱子学《しゅしがく》では、顔回《がんかい》・子思・孟子・曾子が四聖とされています。

この言葉と同じようなことを、

現代でも多くの人物が実践しています。

たとえばスティーブ・ジョブズは毎朝、鏡に映る自分に「今日が最後の日だとしたら、今日やることを本当にやりたいか」と問いかけることで一日を意義あるものにしようとしました。

あるいは松下幸之助氏は、一日が終わった時、「今日一日やったことは、はたして成功だったか失敗だったかを心して考える」ことを習慣にしていました。そうすることで、たとえ平穏無事な一日であっても、少しずつでも何かを学び向上できると考えたからです。

曾子ほど何度も振り返ることは無理でも、**一日一度くらいは自分を振り返る時間を持ちたいものです。**そこに成長があります。

original

吾《わ》れ日に三《み》たび吾が身《み》を省《かえり》みる。人の為《た》めに謀《はか》りて忠《ちゅう》ならざるか、朋友《ほうゆう》と交わりて信ならざるか、習わざるを伝うるか。

（学而第一）

63

君子は
自分のせいにし、
小人は
他人に押しつける。

『論語』には、君子と小人の対比がしばしば登場します。

たとえ高位高官や経済的な成功者であっても、度量が狭く、徳のない品性の劣った人は小人です。逆に、たとえ一時的に志を得なかったり、貧窮していたりしていても、学識・人格にすぐれた高徳の人物は君子なのです。

孔子は、どのように反省すればよいのかについても、両者を対比させてこう語っています。「君子は事の責任・原因を自分に求めるが、小人は他人に求め、責任を転嫁《てんか》する」

失敗の原因や責任を自分自身に求めるのは、誰でも嫌なものです。ついつい「運が悪かった」「競合が強すぎて」「部下がバカだったから」と、自分以外に責任を求めたくなりますが、それでは一時的に楽にはなれても、進歩は望めません。

original

君子は諸《こ》れを
己に求む。
小人は諸れを
人に求む。
（衛霊公第十五）

失敗した時にはもちろん、成功した時も「もっとよい方法はなかったか」「功労者に花を持たせたか」などと反省することで、私たちは生きている一日一日を成長の糧にできるのです。

成功を自分の力だと考えると、おごりや油断が生じます。部下や取引先と共に伸びることも難しいでしょう。成功したのは運がよかっただけだと謙虚に考えることが大事です。

同様に、失敗した時に「自分は悪くない」と考えると、失敗を教訓にできません。「なぜうまくいかなかったのか」「次はどうすればいいのか」を考え抜くことで、人は着実に伸びていきます。

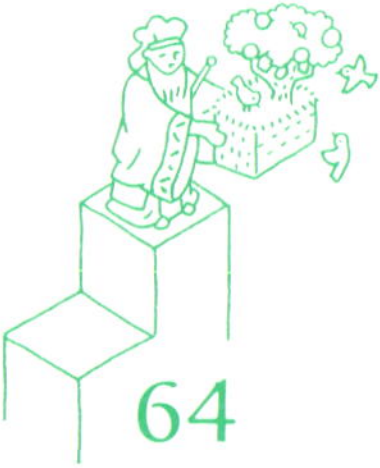

64

好きになれば
人生は楽しい。
楽しくやれば
人生は最高だ。

人は反省して成長するのですが、それは何かにつけて考え込むことではありません。孔子は、こんなことを言っています。

「学ぶにおいて、知っているというのは好むには及ばない。学問を好む者は、学問を楽しむ者には及ばない」

あるいは子路が葉公から孔子について尋ねられて何も答えなかったところ、孔子は「どうしてこう言わなかったのだ」と、次のように自分像を語っています。

「その人となりは、学問に発憤《はっぷん》しては食べることも忘れ、道を楽しんでは憂いを忘れ、老いてゆくことにさえ気づかないでいる、そんな人物だと」（述而第七）

物事を楽しむことが大切です。

original

これを知る者はこれを好む者に如《し》かず。これを好む者はこれを楽しむ者に如かず。

（雍也第六）

たとえば、習い知ったことを失敗すると、結構つらいものです。しかし、好きなことなら、そうつらくありません。さらに、**楽しいことについてなら、苦労も難局も軽く乗り越えられるようになります。**

メディアでよく見かける歴史学者の磯田道史《みちふみ》氏や魚類学者のさかなクン、イラストレーターのみうらじゅん氏などを見て、多くの人が「楽しそうに仕事をしている」と感じるのではないでしょうか。たとえば磯田氏は古文書が好きで、学生時代には本に熱中するあまり食事も忘れ、倒れたことがあるといいます。

孔子も、食事も心配事も忘れるほど物事に熱中し、楽しむ生き方をよしとしていたのです。

65

「やらされる」でなく「自分でやる」と考えるだけで人生はラクになる

物事はすべて「我が事」として取り組みなさいと、孔子はこう言っています。

「人が成長する道筋は、山をつくるようなものだ。あともう一かごの土を運べば完成しそうなのに止《や》めてしまうとすれば、それは自分が止めたのだ。それはまた土地をならすようなものだ。一かごの土を地にまいてならしたとすれば、たった一かごといえど、それは自分が進んだということだ」

止まるのも進むのも、結局は人が決めたことではなく、自分の選択です。人生は自分のやる気一つで決まるのです。

ギリシア神話に、シーシュポスという人がゼウスから受けた残酷な刑罰が登場します。それは、大きな岩を山頂に運び上げるものでした。しかも、岩は山頂に達したらすぐにふもとまで転落するのです。運び上げたら、また転落するという徒労が永遠にくり返されます。

しかし、この神話に、フランスの作家カミュは別の意味を与えています。シーシュポスが刑罰を嘆かず、「これを自分のこととして引き受けようではないか」と考えれば、その瞬間、刑罰は徒労ではなくなり、彼は不条理の英雄になるというのです。

人生は「四つの中から正解を選べ」という試験ではありません。無数の道からどれを選び、どう進むかは自分の選択です。そう気づけば、あらゆる物事は「我が事」になるはずです。

original

譬《たと》えば山を為《つく》るが如《ごと》し。未だ一簣《いっき》を成さざるも、止《や》むは吾が止むなり。譬えば地を平らかにするが如し。一簣を覆《ふく》すと雖《いえ》ども、進むは吾が往くなり。

（子罕第九）

66

投げるな。
投げたらそこで
試合終了だ。

何事も、やればできるというものではありません。懸命に努力してもうまくいかないことも多々あります。

冉有が「先生の道を学ぶことを幸せに思っているのですが、いかんせん私の力が足りず、いまだ身につけるに至っておりません」とグチをこぼすと、孔子はこうたしなめました。

「本当に力が足りない者なら、やれるだけやって途中で力を使い果たしてやめることになるはずだ。しかし、おまえはまだ全力を尽くしていない。今おまえは、自分で自分の限界をあらかじめ設定して、やらない言い訳をしているのだ」

大切になのは、力が尽きるまで進んでから先を判断することです。やる前から「無理」と見切りをつけたり、少し力を出した段階で「もういいよ」と撤退するのでは進歩がない、というのが孔子の教えでした。

「あきらめたらそこで試合終了だよ」とは、井上雄彦氏の漫画『SLAMDUNK』の湘北高校バスケ部監督・安西先生の有名な言葉です。一度目は残り十二秒、負けを覚悟した時、もう一度は後半八分、二十二点もの大差をつけられた時に監督がかけた言葉です。

状況があまりに不利で、やる前から「勝てるはずがない」と投げ出したくなることは確かにあります。しかし、それでは自らゲームセットを宣言するのと同じです。そんなことを何度くり返しても、何も得ることはできません。

original

力足らざる者は
中道にして廃す。
今女《なんじ》は画《かぎ》れり。
（雍也第六）

67

成長曲線は
人によって異なる。
大切なのは
たゆまずやることだ。

孔子は早くから有能な官吏として活躍したわけでもなく、若くして偉大な学者と認められたわけでもありません。それどころか、五十代で政治に挫折した不遇の人です。

しかし、それでもひたすら学問に励み、弟子三千人といわれる儒教の祖になりました。

そのせいでしょうか、人格を完成させるまで学に励むことが大切であり、どんな人間も努力を怠れば脱落すると考えていました。

こう説いています。

「苗《なえ》のままで穂《ほ》をつき出さない人がいるね。穂を出しても実らせるところまでいかない人もいる」

こうも言っています。「私は生まれつき物事の道理をわきまえている者ではない。ただ、古《いにしえ》を好んで、ひたすらに道理を求めてきた人間だ」（述而第七）と。

大きく花開くためには、こうした謙虚さや、懸命に努力し続けることが不可欠です。努力を怠る人は、どんな才能があっても、それを実らせることは困難です。

「十で神童十五で才子、二十歳過ぎればただの人」という通り、才気煥発《さいきかんぱつ》で幼い頃から「末恐ろしい」といわれ、十代で「将来が楽しみだ」と期待されていた子供が、成長するにつれて平凡な人間になってしまうことがよくあります。**成長曲線は人によって違います。早熟なのに伸び悩む人もいれば、大器晩成型もいます。そこには努力する才能が影響していると考えられるのです。**

original

苗《なえ》にして
秀《ひい》でざる者あり。
秀でて実《みの》らざる
者あり。

（子罕第九）

68

若者に不満なのは
頭が固くなった
からじゃないかね。

昔からくり返されてきた言葉の一つに「今どきの若い者は」があります。年長者から見れば、いつの時代の若者も、自分が若かった頃に比べて怠け者だったり、常識知らずだったり、価値観が壊れていたり、物足りない存在だったりするのでしょう。

約五千年前のエジプトの遺跡に「最近の若い者はなっていない。わしの若い頃は」という文章があるといわれます。ギリシアの哲学者プラトンは「最近の若者は、目上の者を尊敬せず、親に反抗し、法律は無視と、道徳心のかけらもない」と言ったともいわれます。平安時代の清少納言《せいしょうなごん》も、『枕草子《まくらのそうし》』で、若者の言葉遣いを「いとわろし」と言っており、「今どきの若い者」は常に目障りな存在だったのでしょう。

孔子が生きた時代にも多くの人がそう考えていたはずですが、孔子は「そうじゃないよ」と、こう異を唱えています。

「自分の後から生まれた者たちには、畏《おそ》れの気持ちを抱くのが当然だ。これからの人が自分に及ばないと、どうしてわかる？」

孔子は教育家であり、若者に対して、未来を託する期待を抱いていたはずです。年長者がそのような期待を込めて若者を育て、若者は慢心せずに学問に励むのが、孔子の理想でした。慢心してしまうとどうなるかを、孔子はこう言っています。「ただし、四十五十の年になっても評判が立たない人はもう畏れるまでもない」（子罕第九）。

original

後世《こうせい》畏《おそ》るべし。焉《いずく》んぞ来者《らいしゃ》の今に如《し》かざるを知らんや。

（子罕第九）

69

川の流れのように
私たちは未来に
つながっていく。

孔子はある時、川のほとりで流れを見ながら、こんなことをつぶやいています。

「この世のことは、まるでこの川の流れのように過ぎ去ってゆく。昼も夜も休まず流れてゆく」

この言葉には、いくつかの解釈があります。

一つは「世の中をよくしたい」という大志を抱き、懸命に学問を続けたにもかかわらず、政治家としては大成できなかった孔子の不遇な人生の詠嘆だとするものです。

もう一つは、学問は過去、現在、未来という時の流れの中で未来につながっていくわけで、人は川の流れのように休むことなく努力するべきだと学者を勉励したものという解釈です。今日では、こちらのほうが多いようです。

孔子はこうも言っています。「学問は、際限なく追い求め、しかも学んだことを忘れないか恐れる、そんな心構えで勉《つと》めるものだ」（泰伯第八）と。**「停滞は後退と同じだ」という危機感と、人は常に学び続けなければならないという強い決意が感じられる言葉です。**そんな孔子が川の流れに見たものは、やはり過去の詠嘆ではなく、昼夜を問わず努力を続ける懸命さだったのでしょう。

original

子《し》、川の上《ほとり》に在《あ》りて曰《のたま》わく、逝《ゆ》く者は斯《か》くの如《ごと》きか。昼夜を舎《や》めず。

（子罕第九）

「行く川のながれは絶えずして、しかも本《もと》の水にあらず」とは、鴨《かもの》長明《ちょうめい》『方丈記』の有名な冒頭です。とかく人は時代の流れに翻弄《ほんろう》されがちですが、**大切なのは自らの意志で流れていくことです。**

9

人生の大きさは志の大きさに等しい

——初志貫徹の作法

70

真理はなお遠い。
だから
真理を聞けば
死んでもいいと
言うのである。

孔子の掲げた理想を、秩序や道徳が乱れた春秋時代に実現するのはとても難しいことでした。もっとも、理想の実現は常に困難であり、中世や近代なら実現できたかどうかは疑問です。

いずれにしても、それほど高邁《こうまい》な理想だからこそ、孔子は生涯をかけて追い求めたということができます。難しいからといって簡単にあきらめては意味がないのです。

人はしばしば「やり遂げるまでは死んでも死にきれない」と言いますが、孔子も「理想を実現するまでは死ぬわけにはいかない」という思いを抱き続けていたのでしょう。だからこそ、こう言ったのです。

「朝に正しく生きる道が聞けたら、その日の晩に死んでもかまわない」

せっかく真実の道が明らかになったのに、その日の夕方に死んでもいいとは、なんともせわしなく、もったいない気もします。しかし、そうではなく、実際には孔子が生涯をかけて追い求めた理想への到達がどれほど困難かを端的に言い表した言葉だといえるでしょう。

すぐれた芸術家や職人は、しばしば「死ぬまで修業です」と言います。目ざす高みはそれほど遠いということです。だからこそ追い続ける価値があるわけです。

孔子の言葉には、**困難な目標でも決してあきらめずに進み続けることの大切さ、生涯をかけて自分を磨き続けることの価値が込められています。**

original

朝《あした》に道を聞きては、
夕べに死すとも
可《か》なり。

（里仁第四）

71

「今」という時空を超えられるのが学問だ。

万有引力の法則の発見で知られるアイザック・ニュートンは、物理学、数学、天文学などに大きな功績を残した万能の科学者ですが、自分一人の力ですべてをなしたとは決して考えませんでした。「私がかなたを見渡せたのだとしたら、それはひとえに巨人の肩の上に乗っていたからです」と言っています。

「巨人」とは、先人たちが長年積み重ねてきた研究や発見、発明をさします。過去の蓄積があってこそ、広い視野が得られ、新たな発見もできるという意味です。

孔子の言葉としてよく知られた**「温故知新《おんこちしん》」**も、言い方こそ違うものの、やはり先人たちの知識や知恵などを学んでこそ、初めて新たなものを生み出すことができるということです。こう説いています。

「古き良きことをわきまえ、新しいもののよさもわかる。そんな人は、師となれる」

真の創造とは、無から有を生み出すことではありません。過去の積み重ねを踏まえ、そこに生じた疑問や矛盾を解決しようと考え続ける中から初めて新しい何かが生まれるのです。大切なのは過去の業績を絶対的権威とあがめたりせず、新鮮な目で見つめ直すことです。

私たちは過去のお陰で今を生きることができています。それは同時に、私たちは未来のために新しい何かを生み出す義務を負っていることを意味しています。一人一人が「温故知新」の心で生きてこそ、人類の発展は続いていくのです。

original

故《ふる》きを温《あたた》めて
新しきを知る、
以《もっ》て師と為《な》るべし。
（為政第二）

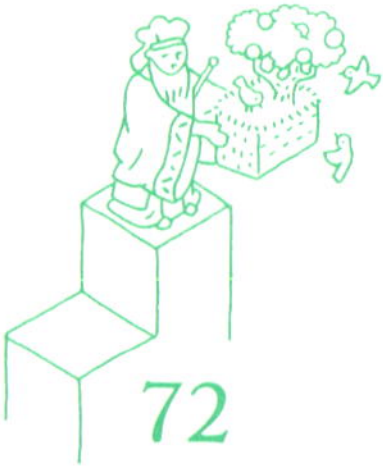

72

誰にも
奪えないもの、
死んでも残るものは
志だよ。

「奪うことができないものは志である。滅びないのはその働きである」とは吉田松陰の言葉です。「どんなことがあっても、人の心に宿る目標や夢、志は奪えない。たとえ死んだとしても、その働きは決して消え去ることはない」ということです。

確かに、松陰自身は二十九歳で刑死していますが、彼の志は松下村塾に集った若者に受け継がれ、明治維新へとつながっていきます。幕府は松陰の命は奪えても、志を奪うことはできなかったのです。

松陰は『講孟夜話』という著書があるくらい儒学に通じていましたから、孔子の次の言葉も心に刻まれていたはずです。

original

三軍も帥《すい》を奪うべきなり。匹夫《ひっぷ》も志《こころざし》を奪うべからざるなり。

（子罕第九）

「数万を率いる総大将でもその大将の身を奪うことはできるが、一人の男でもその心の中にある志を奪うことは、誰にもできない」

当時の一軍は一万二千五百人でしたから、三軍は三万七千五百人になります。それほどの人数に守られていても総大将を捕らえることは可能なのに、たった一人でいる無防備な人の志を奪い取ることは誰にもできないというのです。

曾子もこう言っています。「人生の大事変にあっても志を奪うことができない。これぞ君子だ」（泰伯第八）と。

どんな圧力を加えても、志は奪えません。むしろ、志をより強固にするばかりです。**そして、強い志を持てば、人は必ず何かを成すことができます。**

73

謙虚さは君子の条件である。

稲《いな》盛《もり》和夫氏は二十七歳で京セラを創業して世界的企業へと育ててからも、第二電電（現ＫＤＤＩ）創業やＪＡＬの再建などリスクの高い事業に挑戦し続けています。

そんな稲盛氏が判断の基準にしたのが、幼い日に教わった「見てござる」という考え方だったといいます。稲盛氏の母親は、いつもこう言っていたそうです。「誰でも一人でいる時はどんなことでも考えられるし、できるから気をつけないといかん。神様、仏様はいつでも見ておられるから、いつも正直にいいことをしなきゃいかんよ」と。

そして教えられたのが「迷いがある時は『見てござる、見てござる』と自分に言い聞かせなさい」でした。それを心に刻み、何をする時にも「神様、仏様が見てござる」と問いかけたことが稲盛氏に成功をもたらしたのです。

孔子は**「頭を下げる三つのものを持て」**と常に自らの行いを顧みるように説いています。

「君子には畏《おそ》れ敬うことが三つある。天命を畏れ、人格のすぐれた先輩を敬愛し、聖人の言を畏れ敬う。小人は天命を知らないからこれを畏れず、すぐれた先輩になれなれしくして尊敬せず、聖人の言をあなどる」

ちょっと成功すると無礼傲慢になる人は、大成功ができません。**心の中に畏れを持ち、常に謙虚に問いかけてこそ、大事をなすことができます。**

original

君子に三畏《さんい》あり。天命を畏《おそ》れ、大人《たいじん》を畏れ、聖人の言を畏る。小人は天命を知らずして畏れず、大人に狎《な》れ、聖人の言を侮《あなど》る。

（季氏第十六）

74

命を簡単に捨てない。しかし時には命を賭けて行え。

孔子は諸国を放浪中に、殺されそうになったことが何度かあります。すでに孔子の名声は広く知られていました。それほどの人物が、なぜそんな目にあうのでしょうか。

孔子は政権に迎え入れられかけたことが何度かありましたが、いずれも側近の反対で頓挫《とんざ》しています。孔子は君主にとっては欲しい人材でしたが、政権の中枢で甘い汁を吸っていた側近には目障りな存在だったのです。

ある時も、宋の国で大臣の桓魋《かんたい》から暗殺されそうになりました。弟子たちの「お逃げください」という声に孔子はこう答えています。「天は私に徳を授けられた。桓魋は私を殺そうとしたが、桓魋ごときが私を害そうとしても天命を受けた私の身をどうすることができよう」（述而第七）。孔子の覚悟を感じる言葉です。覚悟をさらに感じさせるのが、次の言葉です。

「志がある人や仁の人は、命惜しさに人の道である仁を害することはしない。逆に、わが身を殺しても仁を成そうとする」

孔子だって命は大切です。しかし、だからといって**助かりたいために天命を忘れ、仁徳を捨てるのは愚かなことと考えていました。**

「金もいらぬ、名もいらぬ、命もいらぬという人は始末に困るが、そのような人でなければ天下の偉業は成し遂げられぬ」とは西郷隆盛の言葉です。

孔子も、命よりも大きい覚悟を持ち続けることによって、儒教の祖となっていったのです。

original

志士仁人は、生を求めて仁を害すること無し。身を殺して以て仁を成すこと有り。

（衛霊公第十五）

75

知の人は惑わない。
仁の人は心配がない。
勇の人は恐れがない。

新

渡戸稲造は、武士道の骨組みを支えた三つの足として**「知・仁・勇」**の三つを挙げています。

「知」は単なる知識ではなく、人格の形成に関わる叡智《えいち》を意味します。**「仁」**は愛情、寛容、他者への情愛、憐憫《れんびん》など、人間の魂に備わった最高の徳のことです。そして**「勇」**は、正しいことをするために振るう勇気をさします。

孔子は、君子はこの三つの徳を身につけるべきだと、こう説いています。

「知者は迷いがなく、人格にすぐれた仁者は憂いがなく、勇の人はおそれがない」

こうも言っています。「君子の道に三つがあるが、私にはまだできていない。その三つとは、仁者は憂えず、知者は惑わず、勇者は懼れずということだ」

これを聞いて子貢は、「謙遜しておっしゃられたのであって、先生はおできになっている」（憲問第十四）と孔子を讃えています。

私たちは逆境に陥ると、つい節を曲げることがあります。曲げる理由は、生きていくためだったり、勝つためだったりとさまざまですが、こうした妥協を繰り返すうちに、知・仁・勇からも遠ざかることになります。

何があっても正しいことを貫こうと生きることこそ、孔子が求めた理想です。それは難しい道でしょう。しかし、難しくともそれに限りなく近づけるから、君子は君子たり得るのです。

original

知者《ちしゃ》は惑《まど》わず、
仁者《じんしゃ》は憂えず、
勇者は懼《おそ》れず。
（子罕第九）

76

失うことを恐れると心が濁るものだ。

「地位に恋々《れんれん》とする」という言葉があります。ポストにしがみつき、執着して手放そうとしないことです。たとえば不祥事が起きて責任を取るべきなのに「職務をまっとうすることで責任を果たす」と居座る時などに使いますが、それでは組織全体のモラルが下がることになります。

地位や職務をあまりにあっさり投げ出すのも問題ですが、執着が強すぎるのはもっと問題です。孔子がこう説いています。

「つまらない小さな人間とは、どうして共に君主にお仕えできようか。つまらない人間は、地位を手に入れないうちは出世のことばかりを気にかけ、地位を手に入れると今度はそれを失うことばかりを心配する。そんな人間は、地位を失わないためなら、どんなことでもやりかねないよ（至らざる所なし）」

孔子は若い頃に下級役人だったことがあるだけに、「私が当然なすべき礼を尽くして君主につかえると、人はへつらいだという」（八佾第三）といった足の引っ張り合いをよく知っていました。また、魯の国政に関わった時には三桓の勢力を削《そ》ごうとして自分が追放されるという苦い経験もしています。**つまらない人物は地位につくと他人の足を引っ張り、悪事も働くという言葉は、孔子の実体験なのです。**

original

鄙夫《ひふ》は与《とも》に君に事《つか》うべけんや。其《そ》の未《いま》だこれを得ざれば、これを得んことを患《うれ》え、既《すで》にこれを得れば、これを失わんことを患う。苟《いやしく》もこれを失わんことを患うれば……

（陽貨第十七）

77

時には時間の単位を変えて人生を眺めなさい。

孔子が生きた春秋時代は、その後に続く戦国時代ほど荒々しくはないものの、中国全土に大小の国が乱立し、正しい政治が行われているとはいえない状態でした。だからこそ孔子は道徳を広め、正しい政治が行われる国づくりの役に立ちたいと考えたわけです。

しかし、残念ながら魯の大臣の職を三年あまりで追われ、その後は政治に携わることなく放浪することになりました。

そこで**孔子は教育によって人をつくり、人を通じて国を変えていこうとしました。**そのためには、長い年月が必要です。短兵急《たんぺいきゅう》に出した成果は長続きしません。大きな成果は時間によって形づくられるのです。

孔子はこう言っています。

「もし天命を受けて帝王になった者がいたとしても、きっと一代、三十年かかってはじめて、仁がゆきわたった世界になるだろう」

original

如《も》し王者あるも、
必らず世《よ》にして
後に仁ならん。
（子路第十三）

もっとも、そんな孔子も「もし誰かが私を用いて国政を担当させてくれるならば、一年でもまずまずのことはやってみせよう。三年あれば、立派に達成させてみせよう」（子路第十三）と言っています。

王者なら三十年かかるが、私なら三年でできるという自負心があったのかもしれません。

変化の激しい現代は、人も企業もすぐに結果を求めたがるものです。しかし、人づくりは息の長い仕事です。十年、あるいは一世代という単位で取り組むことが必要になります。

参考文献

本書に引用した『論語』の訓み下し文は、金谷治《かなやおさむ》訳注の岩波文庫版『論語』に拠った。厚くお礼申し上げる。金谷氏は東北大学で長く教鞭を取られた東洋学者で、儒教はもとより老荘思想から孫子の兵法に至るまで精通しておられる。本書で『論語』や東洋思想に興味を持たれた読者は、金谷氏の著作を一読することをお勧めする。

訳文は『論語』（齋藤孝　ちくま文庫）より引用している。

なお、引用にあたって、「略」は「……」で代替させていただいた。また、訳文の漢字かな遣いは、本文と統一させていただいた。

また、次の書籍からも貴重な示唆を頂戴した。記してお礼を申し上げる。

『ＮＨＫ「１００分ｄｅ名著」ブックス 孔子 論語』（佐久協　ＮＨＫ出版）

『ＮＨＫ「１００分ｄｅ名著」ブックス 新渡戸稲造　武士道』（山本博文　ＮＨＫ出版）

著者略歴

孔子（こうし）

中国、春秋時代の思想家。儒家・儒教の祖。

魯（山東省）生まれ。

紀元前551〜479年頃の人物とされる。

死後、弟子との言行録として編集された『論語』は儒教の経典として古代中国の大古典「四書」のひとつとなり、アジアを中心に世界中に大きな影響を与えた。

監修者略歴

齋藤 孝（さいとう・たかし）

1960年静岡県生まれ。東京大学法学部卒業。

同大学院教育学研究科博士過程等を経て、
明治大学文学部教授。専門は教育学、身体論、コミュニケーション論。『身体感覚を取り戻す』（NHK出版）で新潮学芸賞。日本語ブームを作った『声に出して読みたい日本語』（草思社）で
毎日出版文化賞特別賞。

著書に『語彙力こそが教養である』（KADOKAWA）、

『知性の磨き方』『悔いのない人生』

『大人の語彙力ノート』（小社）など多数。

NHK Eテレ「にほんごであそぼ」総合指導。

1分《ぷん》間《かん》論《ろん》語《ご》

2019年3月15日　初版第1刷発行

監 修 者　齋藤 孝

発 行 者　小川 淳
発 行 所　SBクリエイティブ株式会社
〒106-0032　東京都港区六本木2-4-5
電話：03-5549-1201（営業部）

装　　丁　寄藤文平＋吉田考宏（文平銀座）
執筆協力　桑原晃弥
編集協力　吉田 宏（アールズ）
本文DTP　米山雄基
校　　正　新田光敏
編集担当　木村 文
印刷・製本　株式会社シナノ パブリッシング プレス

ISBN 978-4-7973-9909-7

好評！ 齋藤孝の本

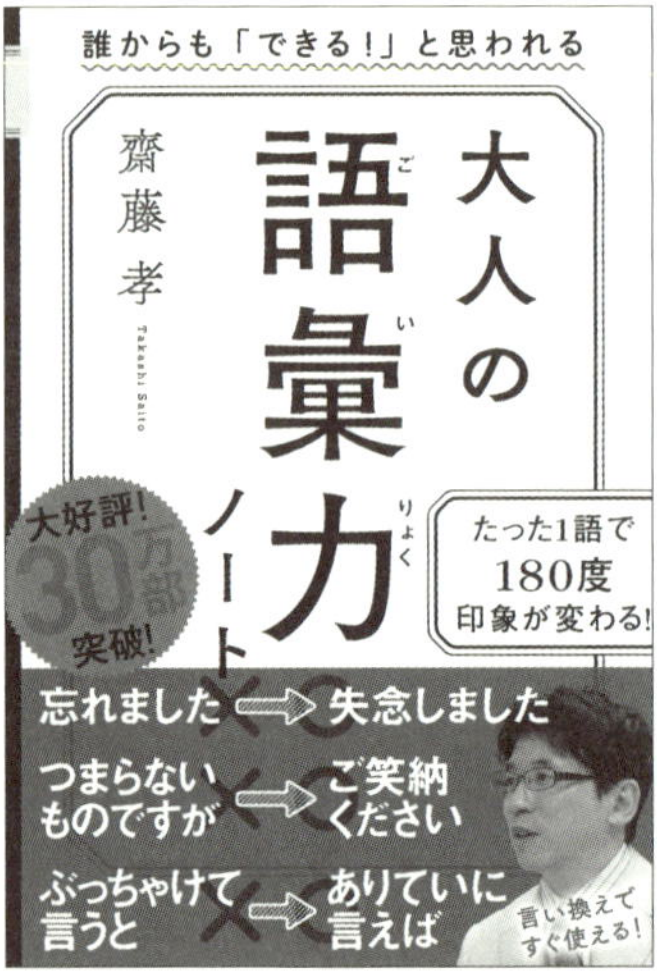

『大人の語彙力ノート』

本体価格一三〇〇円

ISBN 978-4-7973-9344-6

『1分間資本論』

本体価格一〇〇〇円

ISBN 978-4-7973-9744-4

『大人の語彙力ノート どっちが正しい？編』

本体価格一三〇〇円

ISBN 978-4-7973-9605-8